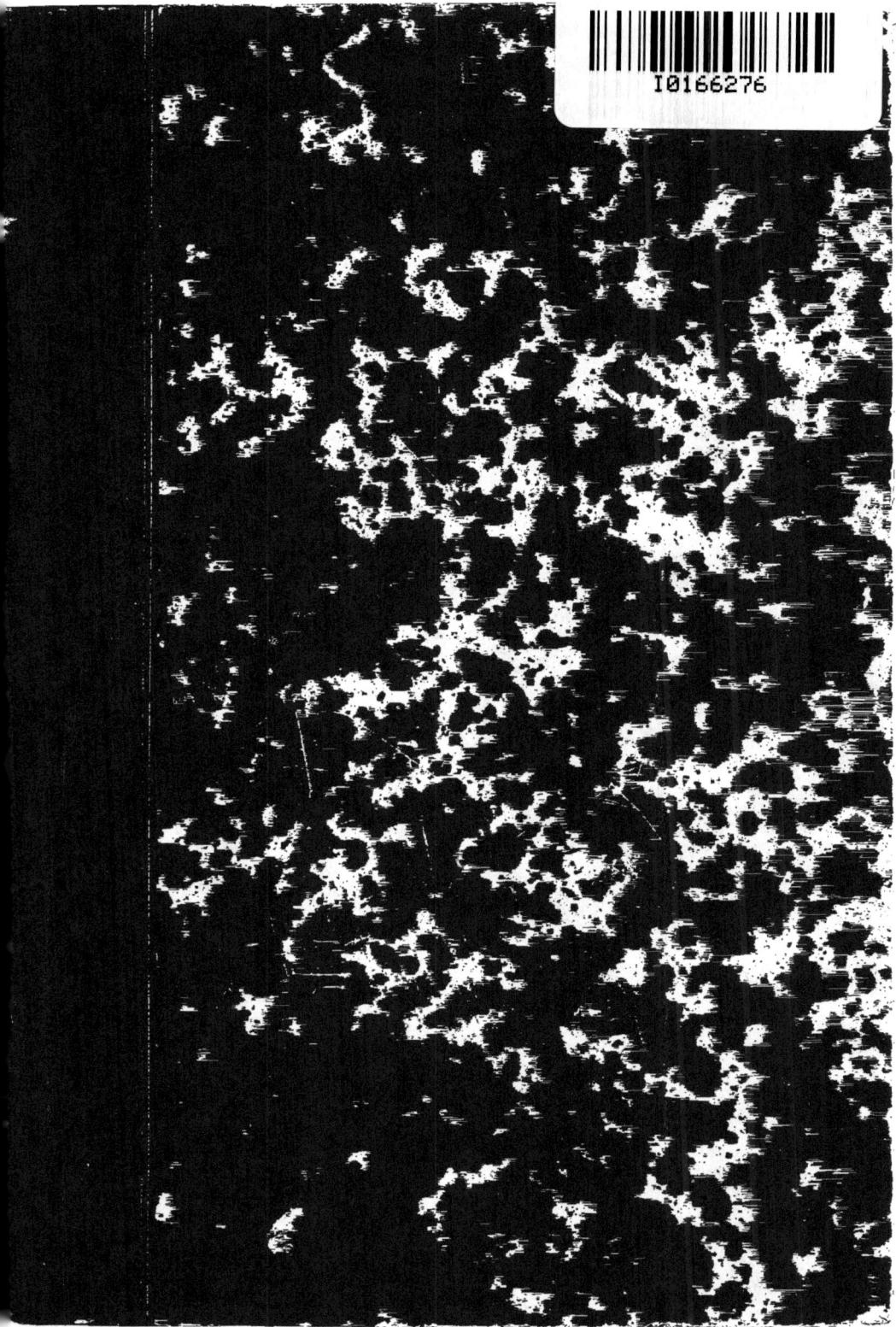

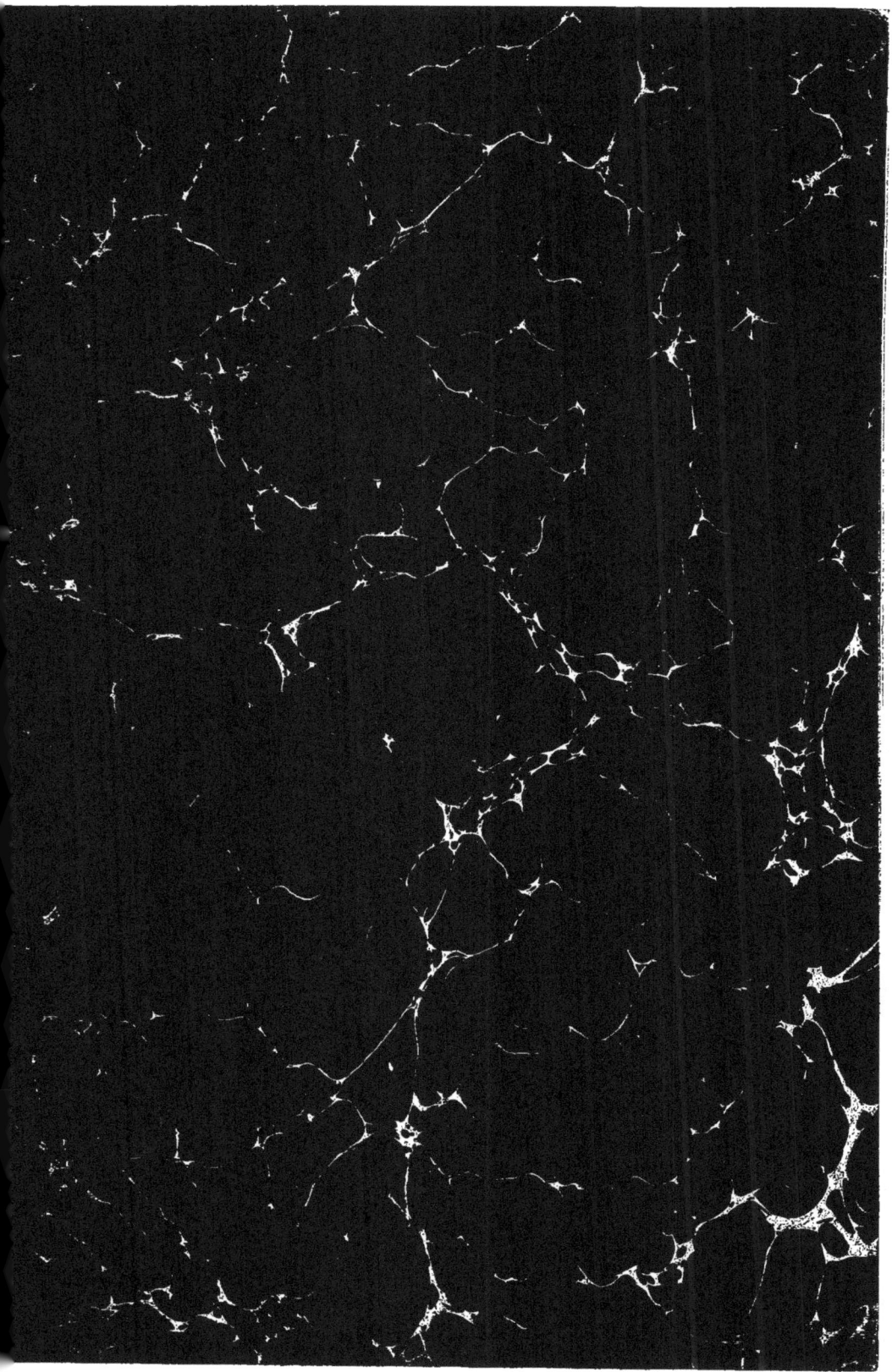

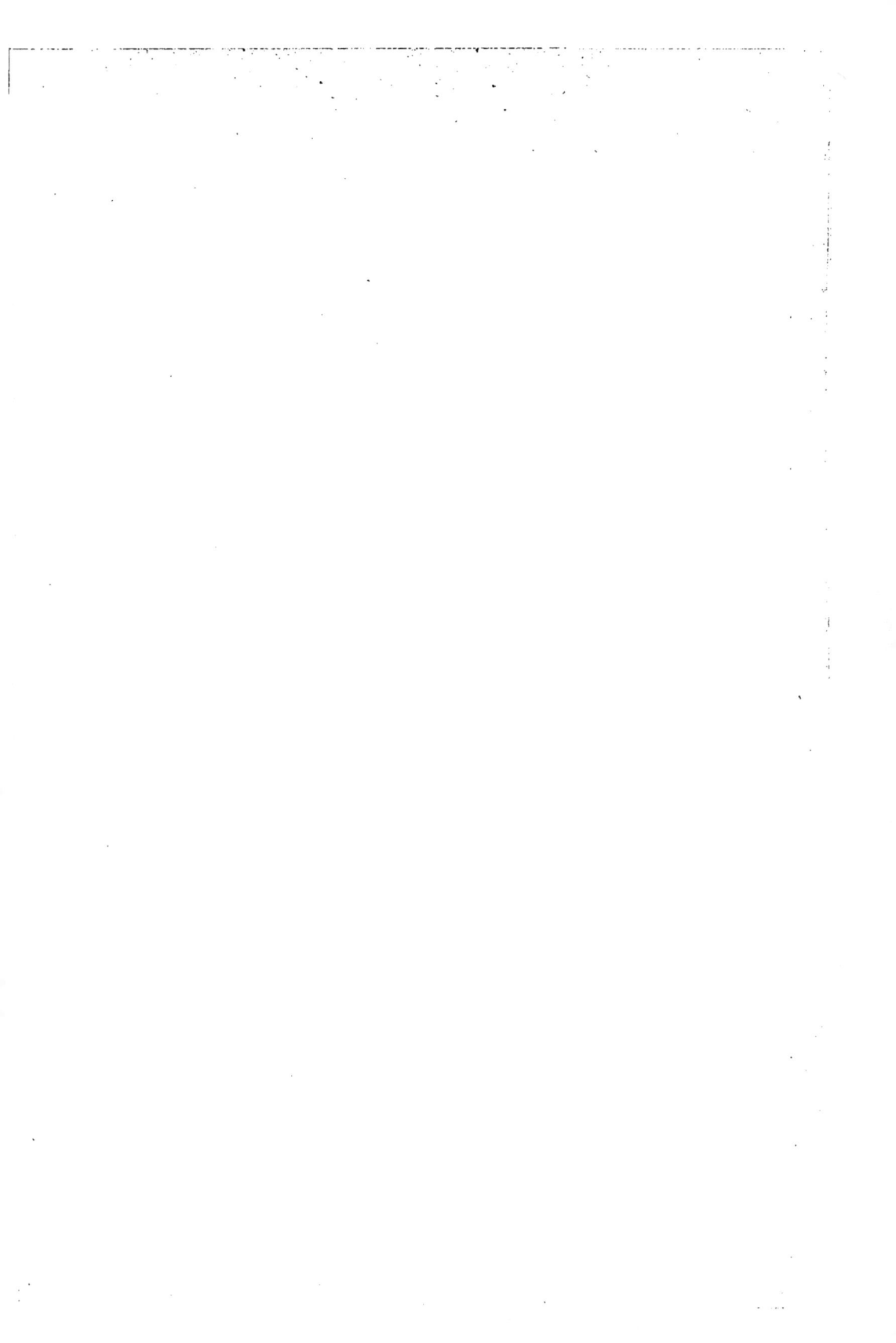

78003

HISTOIRE

DE

LA MUSIQUE

EN RUSSIE.

PREMIÈRE PARTIE

MUSIQUE SACRÉE

(TRADUCTION FRANÇAISE)

PARIS
TYPOGRAPHIE DE HENRI PLON
IMPRIMEUR DE L'EMPEREUR
RUE GARANCIÈRE, 8.

HISTOIRE
DE
LA MUSIQUE
EN RUSSIE
PREMIÈRE PARTIE
MUSIQUE SACRÉE

SUIVIE

D'UN CHOIX DE MORCEAUX DE CHANTS D'ÉGLISE

ANCIENS & MODERNES

PAR LE PRINCE N. YOUSSOUPOFF

MEMBRE DE L'ACADÉMIE PHILHARMONIQUE DE SAINTE-CÉCILE DE ROME
ET MAITRE COMPOSITEUR HONORAIRE
DE L'ACADÉMIE PHILHARMONIQUE DE BOLOGNE

PARIS

SAINT-JORRE, LIBRAIRE

91, RUE DE RICHELIEU

MDCCCLXII

PRÉFACE.

J E passai l'été de 1859 à Ems, endroit qui, par son climat, ses eaux et ses plaisirs variés, attire le monde élégant de tous les points de l'Europe.

De l'autre côté de la rivière qui vient serpenter au bas de l'édifice nommé Salle de conversation, on remarque au haut de la colline un charmant chalet suisse, bâti avec élégance et goût par une de nos célébrités musicales, M. Charles de Bériot, cet homme aimable dont le génie s'harmonise si bien avec l'esprit le plus cultivé.

Pendant les grandes chaleurs de l'été, souvent M. de Bériot me donnait l'hospitalité dans sa

1

rustique et pittoresque propriété, et les heures, dans un entretien toujours intéressant, s'écoulaient sans que l'on s'en aperçût.

Des questions de tout genre étaient tour à tour agitées, et quelquefois celle de la musique russe et de ses chants nationaux, qui sont parvenus en Occident, se soulevait, et donnait lieu à des développements historiques du plus piquant intérêt.

Les recherches que j'avais faites sur l'histoire de la musique en Russie me permettaient de lui faire part de mes observations.

La grande expérience de M. de Bériot m'ouvrit, à cette occasion, les yeux sur l'importance de beaucoup de faits, et c'est ce qui me donna l'idée de les mettre en ordre et de compléter les matériaux que j'avais déjà réunis.

M. de Bériot me conseilla d'utiliser mes do-

cuments historiques, qui consistaient en manu-
scrits russes et étrangers, en livres dont les éditions sont déjà épuisées, et que de minutieuses
recherches m'ont fait découvrir; et, suivant son
avis, je parvins par des études soutenues à former une histoire de la musique en Russie, que
je me décide à mettre au jour, peut-être avec
une certaine garantie de succès, vu qu'il n'en
existe encore aucune proprement dite, et que
les rares brochures qu'on possède sur ce sujet
sont tellement incomplètes, qu'elles ne peuvent
donner aucune idée quelque peu claire sur la
musique religieuse et les chants nationaux russes.

Les savants et les critiques auront sans doute
plus d'une fois à reprendre dans cet ouvrage,
mais, à coup sûr, ils en applaudiront l'idée,
quand ils verront que je ne suis mû que par le
seul motif d'exposer une histoire qui n'existait

pas, et de mettre ainsi à leur disposition des faits historiques restés obscurs jusqu'à ce jour.

Nous recevrons avec reconnaissance toutes les remarques que les hommes compétents voudront bien nous communiquer, ainsi que tous les renseignements qui pourront nous éclairer sur des faits échappés à nos recherches.

AVANT-PROPOS.

O<small>N</small> comprend que lorsqu'un peuple
n'a pas son histoire, il est difficile
qu'il puisse conserver sa nationalité,
suivre le progrès de son développement intel-
lectuel, conserver ce qui lui est propre, s'approprier ce qui lui est le plus homogène, en un

mot se montrer à l'humanité, dont il fait partie, avec tous ses traits caractéristiques.

Il en est de même pour la musique. Lorsqu'un peuple ne connaît pas l'origine de ses chants, qu'il ne peut les mettre en parallèle avec son développement politique, qu'il n'a pas conservé religieusement les premières inspirations de son enfance, leurs modifications à l'âge mûr, qu'il ignore enfin les causes qui l'ont conduit à la décadence de l'art, alors cette poésie, si pleine de verve et d'éclat dans sa jeunesse, tombe insensiblement dans la trivialité, perd ce qu'elle avait d'original, et devient une copie servile d'un mauvais goût étranger.

Voilà pourquoi en Russie, ce pays riche en intelligence, en forces productives de toute espèce, plein de vives inspirations, on devrait porter plus d'attention à la musique nationale, qui, en partie, pour ne pas dire tout à fait, n'existe pas.

Les chants primitifs des bardes et l'harmonie populaire se sont changés en mélodies sans goût, sans couleur aucune, basées tantôt sur les roulades italiennes, tantôt sur des phrases allemandes, toujours d'un assez mauvais effet, et, de plus, avec quelques intercalations de fragments estropiés de chants nationaux.

Je suis loin de vouloir être ici un critique sévère de nos compositions modernes, car je craindrais de tomber dans le système de dépréciation que je n'admets jamais en matière de critique, d'autant plus que si leurs auteurs ne possèdent pas les principes nationaux, ils n'en sont pas moins compositeurs, et quelques-uns même ont droit à des éloges bien mérités.

Aussi je n'analyserai pas les compositions de nos jours; je n'en effleurerai que quelques-unes, celles qui, par leur caractère national, réclament une nomenclature succincte, me contentant d'être un simple narrateur de faits qui se déroulent eux-mêmes aux yeux de chacun.

Pour dire la vérité, quelque pénible que me soit cet aveu, l'art du compositeur national, comme je l'entends, dans le sens le plus étendu, n'existe réellement pas en Russie.

Depuis un siècle environ, les auteurs en musique ne se sont presque pas occupés de la phrase nationale. Les partitions de Haydn, de Mozart, de Mendelssohn, de Bellini, etc., servent toujours de modèles et de point de départ aux aspirants au titre de maëstro, modèles parfaits sans doute, et à suivre comme étude préparatoire; mais s'y attacher au point de laisser pousser des racines profondes au principe étranger, c'est étouffer le principe national.

Glinka, cet homme d'un rare et vrai talent,

auquel l'Europe entière rend justice pour ses
œuvres remarquables, telles que *la Vie pour le
Tsar, Rouslane et Loudmila,* et d'autres compositions détachées, d'une instrumentation toujours
soignée et faite en connaissance de cause; Glinka
lui-même, malgré tous les efforts qu'il a faits
pour rendre sa musique nationale, n'y a pas
réussi; ses compositions gardent une teinte de
la musique allemande. On ne peut pas lui faire
un reproche de cette tendance, puisque ses pré-
décesseurs ne lui avaient pas laissé les moyens de
devenir par lui-même un représentant de l'expression nationale, de manière à faire école, et
il ne se sentait pas la force de se frayer seul
une nouvelle route au travers d'un dédale d'obstacles de tout genre pour arriver à la gloire.

La *romance* proprement dite n'est qu'un acces-
soire, historiquement parlant; elle ne saurait

2

avoir aucune influence sur la musique; ses mélodies ne sont que des feux follets qui donnent
des teintes de rêverie et ne forment pas le clas-
sique en matière d'art; autrement nous désigne-
rions comme compositeurs Varlamoff, Aliabieff
et Kachinn.

Chaque pays a sa musique nationale. La
France possède son opéra et ses romances,
l'Allemagne ses partitions sérieuses et classiques,
l'Italie ses opéras seria-buffa, qui ne sont que
les paraphrases de ce que l'on entend chanter
plus ou moins bien par les pescatori de Naples,
les contadini des environs de Rome et les gon-
doliers de Venise.

Nous ne pouvons pas en dire autant de la
Russie. La seule musique qui ait pu s'y conserver
par tradition, ce sont des rondes de paysans,
des airs de danse, des chants à l'occasion des

mariages, des fiançailles, de fêtes diverses, etc.
Mais ces mélodies se conservaient si peu scrupuleusement, que c'est avec peine aujourd'hui que
l'on parvient à débrouiller leur sens primitif.

L'ignorance musicale du peuple a fait subir
aux airs des changements qui en détruisent le
sens. Le même chant se chante autrement dans
un endroit que dans un autre : ainsi, pour en
découvrir le rhythme, et quelquefois même la
tonalité, il faut se livrer à des études spéciales,
études qui ne sont presque jamais couronnées
de succès, vu que ces chants, parvenus jusqu'à
nous des temps les plus reculés, n'ont pas été
écrits primitivement; et plus tard, les personnes
qui les ont livrés à la publicité s'y sont prises
légèrement, et y ont ajouté du leur en altérant
l'inspiration originale.

Les albums russes intitulés *Chants nationaux*,

que l'on rencontre de part et d'autre, et où les auteurs étrangers ont puisé des inspirations pour varier leurs mélodies, en les appelant *thèmes, fantaisies, caprices sur des chants nationaux russes,* ne sont proprement pas des chants nationaux, tels que le *Solovéï* d'Alabieff, le *Krasnoï Sarafane* de Varlamoff, etc. Ce sont des romances de l'époque actuelle, qui, par leur élégance et leur originalité, deviendront certainement des chants nationaux, ce dont la postérité d'ailleurs décidera.

Parfois, cependant, on trouve dans ces albums des pièces vraiment originales; mais elles sont reproduites avec si peu de soin, et la partie de l'accompagnement est faite d'une manière si vulgaire, que le charme en est complétement détruit.

L'extension de la musique en Russie, dans toutes les classes de la société, peut se placer à

la fin du dix-huitième siècle ou au commencement du dix-neuvième, quoiqu'on puisse dire
qu'avant même cette époque la musique commença à y pénétrer.

Le tsar Alexis assistait à des concerts de cour
dans un de ses palais de Moscou destiné tout
exprès à cet objet. Sous Pierre Ier, il y eut la
musique militaire étrangère. Pierre II jouait
du violon et aimait la musique passionnément.
Catherine II appela à sa cour le fameux Baranello
(*Essai sur la musique ancienne et moderne,*
page 390 du premier volume).

Pendant le règne de l'empereur Alexandre Ier,
l'Occident nous a donné le goût de la vraie musique, et par l'arrivée à Saint-Pétersbourg des
premiers virtuoses de l'Europe, nous avons
connu des œuvres remarquables de style.

Haydn, Mozart, Beethoven, figuraient sur le

pupitre des amateurs. Rode, Baillot et Lafont, étaient fêtés chez nous comme ils le méritaient.

Les grands seigneurs rivalisaient entre eux d'orchestres de quatuors, de quintettes, etc., formés de serfs, auxquels donnaient des leçons des professeurs allemands appelés tout exprès.

Avant cette éducation musicale qui nous venait de l'étranger, on pourrait citer des talents pleins de distinction ; ce sont : Loghinoff, Gantoschkine (violonistes), Sloff et Sokoloff (chanteurs).

Loghinoff était du quatuor appartenant au comte Zouboff, et lorsque ce dernier le fit entendre dans un concert de Mestrino, pendant un dîner-gala auquel Rode était convié, tout le monde, et Rode lui-même, trouva son talent vraiment remarquable. Le comte Zouboff pria Rode, après le dîner, de se faire entendre en jouant un concerto de sa composition ; mais celui-ci s'y refusa et consentit à exécuter simplement un quatuor, en ajoutant qu'il ne voulait pas admettre de comparaison entre lui et Loghinoff. C'était une modestie qui, venant de Rode, était poussée peut-être un peu loin ; mais on conçoit, quand on connaît le cœur humain, qu'il ne voulût pas être mis en parallèle avec le violoniste russe.

Que devinrent donc les talents dont nous venons de citer les noms ? Ils moururent ignorés, et sans laisser aucune trace de leur carrière musicale. Les instrumentistes, les chanteurs et les cantatrices du siècle dernier promettaient à leur début des artistes hors ligne ; mais plus tard, en avançant dans la carrière, ils perdaient les dons que la nature leur avait accordés, tombaient dans la foule des artistes vulgaires, ou disparaissaient complétement.

La cause première de cet état de choses tenait
à l'absence d'éducation musicale. Avant de nous
arrêter sur ce point essentiel pour le progrès de
l'art, reprenons la question des orchestres qui
existaient en ce temps-là, et énumérons les personnes qui s'occupaient le plus de musique.

Presque tous les grands seigneurs avaient des
orchestres. En première ligne, on peut citer
ceux du comte Apraxine, de Vsévolojsky, de
Youschkoff, orchestres qui n'existent plus depuis
nombre d'années. Le seul qui soit resté de nos
jours, c'est celui que mon grand-père, le prince
Youssoupoff, forma de ses serfs. Il est composé
d'une trentaine de musiciens, et a passé sous la
direction successive de maîtres de chapelle qui
lui ont donné un développement d'un mérite
réel. M. de Bériot, qui me fit le plaisir de passer
l'hiver de 1859 dans ma maison, s'en est occupé

sérieusement, a formé d'excellents violonistes, et a mis l'orchestre à même d'interpréter les symphonies des grands maîtres avec une exécution précise, sentie et admirablement ordonnée.

J'éprouve une vraie jouissance au souvenir des soirées charmantes que M. de Bériot m'a fait passer chez moi, dans un cercle intime, où il faisait exécuter par mon orchestre des symphonies de Beethoven et de Haydn, qu'il séparait quelquefois par un morceau de sa composition, morceau dont la verve et l'éclat, secondés par son archet magique, enthousiasmaient notre petite réunion. C'est encore dans ces soirées que ce grand maître nous a fait entendre de première main ses douze charmantes études pour le violon seul, qu'il composait la veille pour en faire les délices des soirées du lendemain.

Le prince Youssoupoff eut aussi un opéra

italien, formé de ses serfs. Plusieurs artistes de
talent furent appelés pour organiser cette troupe,
qui, au dire des contemporains, était montée
de manière à pouvoir exécuter les plus célè-
bres opéras de l'époque : *Othello, Sémiramis,
Norma,* etc. Le fameux David, chanteur dont
la réputation est assez connue, fut engagé par
mon grand-père pour donner des leçons de chant
à ces artistes de son théâtre particulier.

Le comte Rasoumofsky avait un chœur de
chantres ; M. Narichkine, un orchestre d'instruments à vent.

Tout le monde s'occupait de musique ; tout
le monde voulait en faire soi-même ou en entendre exécuter par d'autres.

Au premier abord, en parcourant ces lignes,
on pourrait croire que le développement de la
musique avait pris chez nous une extension très-

grande. Il n'en était rien cependant. Les amateurs disparurent; les orchestres, les musiciens, les solistes, les chanteurs se dispersèrent, et de cette prodigieuse quantité de musiciens, il ne reste plus aujourd'hui que mon orchestre et les chantres du comte Chérémétieff. Je ne fais pas ici d'oubli en gardant le silence sur les chantres de la Cour; car ces chantres n'appartiennent pas au domaine public, ils sont spécialement attachés au service de la maison de l'Empereur. Leurs magnifiques voix et leur parfaite méthode pour l'exécution du chant religieux sont connues de l'Europe entière, qui sait en apprécier le mérite.

La fureur musicale du siècle passé, si je puis m'exprimer ainsi, n'a donc laissé aucune trace. On en parle maintenant comme de faits mythologiques imaginaires.

Une question toute naturelle résulterait de

ce qui précède : Quelle est la cause de cette stagnation complète de l'art? Pourquoi, dans les autres pays, tout suit-il un développement continu, et pourquoi, dans le nôtre, le *statu quo* a-t-il pris racine? Je répondrai à cela : parce que depuis que la Russie existe, il n'y a jamais eu d'éducation musicale.

La musique que faisaient les amateurs n'était qu'un simple jeu, un délassement dans leurs moments de loisir, mais non point une occupation sérieuse. Ils supposaient que cette occupation musicale à laquelle ils se livraient était par elle-même un progrès qui en amènerait d'autres. Ces idées donc étaient bâties sur un fondement peu solide. C'était un édifice qui se dressait pour retomber dans le néant. Il n'y a jamais eu chez nous d'école musicale primaire ni de conservatoires; et plus, il n'y a jamais eu de professeur qui ait pu introduire dans notre pays une méthode bien ordonnée.

Les artistes de talent trouvaient sur leur chemin des obstacles insurmontables, et, de guerre lasse, se livraient à une vie de désordre, ne trouvant pas la possibilité d'atteindre ce à quoi ils étaient destinés.

Il est rare de voir dans nos orchestres des Russes de mérite. On y en trouverait peut-être, mais on ne prend pas la peine de chercher. Le jeune R***, élève de Vieuxtemps, avec un talent hors ligne, fut placé à un orchestre inférieur, la place qu'il désirait occuper étant remplie. Sa position lui donna un tel dégoût de l'existence, qu'il s'abandonna à la dissipation, et mourut un an plus tard. Rien de cela ne serait arrivé avec un système suivi, des écoles conservatoires, des professeurs qui décerneraient des

prix aux élèves selon leur capacité, et leur don-
neraient ainsi dans le monde la place méritée
par leur talent. Chacun saurait à quoi s'en tenir,
et ne marcherait pas dans les ténèbres de l'ignorance.

Avant de donner un instrument au futur
musicien ou la palette au peintre à venir, il
faut tout d'abord orner leur esprit de connaissances utiles, non pas pour en faire des savants,
mais des hommes du monde. Un peintre d'histoire ferait un bien pauvre artiste, s'il ignorait
la mythologie populaire et l'histoire universelle.
Un musicien qui ne ferait pas des études géné-
rales ne pourrait ni composer ni même jouer
un air varié ; car en toute chose il faut de l'intelligence, des connaissances et du goût. Je n'admets
pas que l'on puisse écrire uniquement par inspiration : il faut connaître avant tout les règles

mathématiques du contre-point. Tout a sa loi ici-bas, tout a sa raison d'être; la nature extérieure aussi bien que le sentiment. L'imagination est faite pour orner votre œuvre, mais sa disposition doit être une prose très-logique.

Dans mes voyages, j'ai parcouru la plupart des Conservatoires de l'Europe. A Naples, j'ai eu l'occasion de m'entretenir sur la musique avec le célèbre Mercadante, qui m'invita à venir entendre des compositions de jeunes élèves du Conservatoire, dont il est le chef. Ces jeunes gens étaient âgés de seize à vingt ans, et réunissaient déjà les qualités d'excellents compositeurs. Les fragments symphoniques que j'entendis exécuter par eux étaient remplis de goût, et promettaient un avenir brillant à ces futurs maestri, qui avaient pris pour types les principes de leur grand professeur.

Ensuite j'ai vu celui de Bruxelles; il est trop connu dans le monde artistique pour que j'entre à son égard dans aucun détail. Je m'abstiendrai donc d'une analyse que d'autres ont déjà faite, ce qui ne saurait m'empêcher toutefois de dire qu'aucun Conservatoire ne pourrait être en de meilleures mains. M. Fétis, cet homme cosmopolite, aussi bon musicien qu'historien et littérateur distingué, en est le chef. Son sentiment musical découvre les talents, son érudition et son esprit lui facilitent le choix des professeurs, et les élèves, sous sa direction, reçoivent une éducation musicale parfaite. Enfin la place qu'il occupe dans le monde savant en fait une illustration de son pays. Je puis en juger d'autant mieux que j'ai eu bien des occasions, dans des conversations particulières, d'apprécier l'immensité de ses connaissances en matière d'art.

Paris, ce foyer de la civilisation européenne, serait incomplet, si son Conservatoire n'était pas ce qu'il est, c'est-à-dire formé de professeurs capables, d'élèves ayant un avenir brillant, de membres illustres dans toutes les branches de la science.

La place nous manquerait, si nous voulions énumérer toutes les Écoles et Conservatoires de l'Allemagne. Au fond, ce n'est pas la tâche que nous nous sommes imposée dans ces pages; cette question n'a été touchée que pour marquer la transition du développement historique à la nécessité d'études sérieuses en Russie.

J'applaudis fort à toutes les sociétés, de quelque genre qu'elles soient, qui se forment pour la culture de l'esprit public; mais je trouve que ces sociétés, n'importe leur degré d'utilité, doivent être bien ordonnées pour produire des fruits.

Les sociétés peuvent appartenir au domaine
public, ou bien être de simples réunions d'amateurs. Les unes comme les autres renferment de
mêmes éléments d'utilité ; je ne parlerai toutefois
que des premières.

J'admets une société, mais je n'en admets pas
plusieurs, quand elles se nuisent mutuellement.
Plusieurs sociétés musicales peuvent coexister
lorsqu'elles forment chacune un orchestre ou
un chœur de chantres. De là, une certaine con-
currence, un amour-propre artistique, qui donne
de l'émulation et de l'élan. Mais quelle est l'utilité
de ces nombreuses sociétés qui sont formées
d'un orchestre nomade dont les artistes, passant
successivement d'un salon dans un autre, obéis-
sant chaque soir à un maître d'orchestre différent, subissent des principes contraires, dont les
influences se détruisent les unes les autres ? Quel

est le but de cette espèce de pérégrination musicale? C'est en vain qu'on le chercherait. Ces
artistes jouent pendant un nombre infini d'années les mêmes morceaux avec les mêmes imperfections, avec les mêmes fautes, sans se rendre
compte de ce qu'ils font, et sans savoir ce qu'ils
devraient poursuivre. Ce n'est point là faire de
la musique, c'est faire du vandalisme.

La chapelle des chantres de la Cour a formé
des concerts où l'on peut entendre d'excellente
musique spirituelle, où le public s'initie à la
musique savante, sévère, des anciens maîtres,
et où les exécutants s'habituent, de leur côté,
à la phrase musicale large et soutenue.

L'Opéra a un orchestre magnifique; il est tout
simple de lui faire exécuter les symphonies classiques des maîtres allemands, afin d'oublier un
peu les roulades italiennes. Mais l'idée des con-

certs, où l'on exécute les œuvres de jeunes
artistes pour les encourager, souvent n'atteint
pas le but qu'on s'était proposé.

Ainsi, avant tout, il faut donner une éducation
au jeune commençant. Pour découvrir un talent,
il ne suffit pas de jouer sa composition, ou de
la lui faire jouer par lui-même. Si, sans notions
acquises, il parvenait à faire impression sur son
auditoire, ce jeune homme ne devrait plus être
considéré comme un talent, mais comme un
génie.

Il n'en existe plus qui écrivent des partitions sans savoir la musique. Pour former un
talent, il faut lui donner de l'éducation et le
suivre pas à pas dans ses études. Que résulte-t-il
de la négligence à cet égard? Que la suffisance
d'un jeune homme l'engage à faire parade de sa
composition, qui, par certaines considérations,

lui procure la facilité de se perfectionner à
l'étranger; il revient quelques années plus tard
dans son pays natal, où il se trouve dépaysé,
pénétré qu'il est d'idées italiennes, françaises,
allemandes; le portefeuille plein de symphonies
calquées sur les partitions de Mendelssohn (que
l'on prend d'ordinaire pour point de mire), il
les fait jouer, ou les joue lui-même, et le
public, heureux de voir son compatriote en
possession de qualités relativement suffisantes,
convient cependant que dans les villages les plus
obscurs de l'Allemagne on trouverait des talents
pareils par douzaines. Ainsi on supposait faire
naître un génie, et l'on n'a obtenu qu'une mé-
diocrité. Bien des siècles s'écouleront peut-être
avant que nous rencontrions des Beethoven, des
Mozart et des Haydn. Mais chaque année doit
amener des artistes de talent pour former des

orchestres, des artistes ayant reçu une même
éducation, les mêmes principes fondamentaux,
unis par la nationalité, et avec des pensées
homogènes.

Voilà l'essentiel dans un système bien or-
donné : il faut des Écoles, des Conservatoires,
des professeurs de mérite, et des directeurs capables. Ceci est le moyen d'amener notre pays
à la prospérité dans l'art national.

On trouvera peut-être que nous sommes bien
éloigné du point de départ de notre sujet; mais
ces derniers arguments ne sont que la consé-
quence de nos premières lignes, pour prouver
la nécessité d'une éducation systématique afin
que la musique ne tombe pas en décadence, et
que son histoire ne devienne pas impossible.

Nous nous sommes arrêté plus haut sur l'histoire de la mélodie russe, et nous ajoutions que

nous ne possédons rien qui puisse nous donner des idées exactes touchant sa notation ; néanmoins, dans les nombreuses recherches que j'ai faites, à l'étranger comme en Russie, j'ai pu rassembler des matériaux que j'ai mis en œuvre dans le courant de cet ouvrage.

La musique du chant d'église nous est parvenue dans son état primitif, et nous pouvons en juger *à posteriori,* quoique non sans quelque difficulté.

Les matériaux dont je parle ont été, en outre, complétés par les inductions qu'il était possible d'en tirer, et par les conversations que j'ai eues avec les personnes les plus compétentes en matière d'histoire. J'ai dû fouiller dans de vieux livres, y trier les articles qui pouvaient me servir et les en extraire, puis consulter des partitions manuscrites, les comparer entre elles pour en saisir le sens principal, et enfin mettre en ordre toutes ces minutieuses recherches.

Voulant donner ici une idée précise de la musique en Russie, je diviserai cet ouvrage en deux parties : la première comprendra la musique religieuse, la seconde les chants nationaux et la musique instrumentale des artistes qui ont écrit dans le goût national. Je ne parlerai aucunement de ceux qui n'ont enrichi notre répertoire que de compositions de style occidental, et j'éviterai autant que je pourrai de parler des contemporains, car c'est à l'avenir de les juger et de marquer la place qu'ils méritent par leurs sentiments et les œuvres qu'ils ont conçues.

Château d'Arkhanghelsky, près Moscou,
le 11 septembre 1860.

OUVRAGES ET AUTEURS CONSULTÉS.

Antiquæ musicæ auctores septem, par *Marc Meibom*. Amsterdam, 1652.

De musica, — *Plutarque.*

Dialogues sur la musique, — *Burette.*

Thesaurus antiquitatum sacrarum, — *Blasius Ugollinus.*

Musurgia universalis, — *Athanase Kirscher*, 1650.

De cantu et musicâ sacrâ, — *Gerbert.*

Mémoires sur la musique des anciens, — *Roussier.* Paris, 1770.

Histoire sur la musique, par *Forkel;* sur les accents de la langue grecque, — *l'abbé Arnaud.*

Discorso sopra la musica antica e moderna, da *Girolamo Mai.* Venise, 1603.

De musica, par *saint Augustin.*

Encyclopédie, — *Martianus Capella.*

Micrologus, — *Guy d'Aretin.*

Musica, — *Jean Cotton.*

La science et la pratique du plain-chant, — *Leclerc.* Paris, 1672

Dissertation sur le chant grégorien, — *Nivers.* Paris, 1683.

Fétis. — Biographie des musiciens.

Dictionnaire de musique, par *Brossart*.

Dictionnaire de musique, — *Walter*. Leipzig, 1732.

Dictionnaire de musique, — *J. J. Rousseau*.

Annales ecclesiastici, de *Baronius, 1624.*

Lectures chrétiennes (en russe). Tome 43me.

Réflexions historiques (en russe). — Articles lus à l'Académie, d'*Alexandre Newsky, 1623.*

Annales publiées par la Commission archéologique.

Leonis Allatici de libris ecclesiasticis Græcorum. Hambourg, 1722, in-4°.

Journal du ministère de l'Instruction publique, 1849, n°s 7 et 8 (en russe).

HISTOIRE

DE LA

MUSIQUE SACRÉE

EN RUSSIE.

CHAPITRE PREMIER.

Introduction du Christianisme en Russie. — Tableau de la première période chrétienne en Orient et en Occident. — Décadence présumée de la musique ancienne. — Incorrection du chant religieux au quatrième siècle. — Institution des chants d'église. — Chant de l'Église grecque.

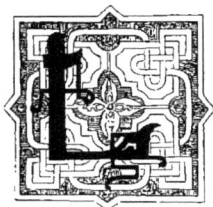

E Christianisme étant la lumière et la vérité, donnant une nouvelle existence aux pays où il pénètre, vivifiant l'intelligence inerte des barbares, amenant le progrès dans l'esprit humain et la

chaleur dans le cœur des fidèles, marqua pour
la Russie l'aurore d'un avenir de gloire et de
prospérité.

La Grèce, qui fut dans l'antiquité la première
nation, tant au point de vue de la science que
des arts, est encore celle de qui l'Europe tient
ses principes religieux. Ce sont les Grecs qui
ont été choisis de Dieu pour connaître les premiers les vérités de la religion chrétienne, et
transmettre aux autres nations ses dogmes sé-
vères et miséricordieux.

Cette initiative d'évangélisation de la part des
Grecs ne se réduisit point à quelques faits isolés;
mais elle fut puissante et continue. L'on peut
dire, en effet, que Rome chrétienne (semblable
en ceci à Rome païenne) est une colonie grecque.
Après saint Paul, son fondateur historique, tous
ses évêques sont Grecs. Lors même que l'histoire

sacerdotale se tairait, il nous suffirait de savoir leurs noms pour connaître leur origine : Linos, Cléitos, Anaclétos, Evaristos, Alexandros, Xistos, Télesphoros, Hygiénos, Anicétos, Sother, Eleutheros, étaient des Grecs. La dénomination de *catholique,* que s'attribue exclusivement l'Église romaine, est encore grecque.

Disons plus : la révolution chrétienne fut même une espèce de résurrection de la nationalité grecque et sa revanche contre Rome. La Grèce, à la conversion de Constantin, vainquit Rome et lui enleva son César, la métropole de l'empire et le gouvernement du monde.

Rome a reçu de la Grèce chrétienne sa théologie, ainsi qu'elle avait reçu sa théogonie de la Grèce païenne.

Non-seulement les premiers évêques de Rome, mais encore les premiers évêques des

Gaules ont tous des noms helléniques : c'est Denys de Paris, Pothin de Lyon, Trophyme d'Arles, Aprodise de Béziers, Saturnin et Papoulos de Toulouse et des Pyrénées.

Avant de parler de l'apparition de la foi orthodoxe en Russie, jetons un coup d'œil sur le tableau de la première ère chrétienne en Orient et en Occident. De cette manière beaucoup de points, incompréhensibles au premier abord, s'éclairciront par eux-mêmes, et feront tomber les hypothèses mal fondées de certains auteurs.

Clément d'Alexandrie, qui vivait au cinquième siècle de l'ère chrétienne, nous apprend qu'aux premiers temps du Christianisme, l'Église employa le chant primitif des Hébreux, combiné avec le chant grec du mode dorique, mode, comme on sait, différent des autres par sa majesté et en même temps par sa simplicité.

L'écrivain anglais Stapfford assure qu'au troisième siècle, Paul, évêque de Samosate, puis d'Antioche, fut excommunié au concile d'Antioche, et déclaré hérétique pour avoir défendu aux Églises de chanter les Psaumes de David; et Léon le Grand dit, au cinquième siècle : « Ce » n'est pas pour notre gloire, mais pour celle » de Jésus-Christ Notre Seigneur que nous » chantions en une seule voix (à l'unisson) des » Psaumes de David. » Ainsi les fidèles chantaient régulièrement des psaumes et des hymnes dans leurs assemblées à Jérusalem, comme ils en avaient toujours entendu chanter dans le temple de Salomon.

De plus, ils en voyaient l'exemple en Jésus-Christ, qui chantait des hymnes et des psaumes avec ses apôtres, et le précepte dans saint Paul, comme le remarque saint Augustin dans l'une de ses épîtres.

Les moines, qui s'établirent dans l'Église au quatrième siècle, les chantaient en deux chœurs, en y ajoutant des collectes ou de brèves oraisons qu'on lisait à de certains intervalles, et qui partageaient l'office en sept différentes parties pour le jour et pour la nuit. Isidore de Séville, parlant du chant de l'Église, nous apprend que ce chant était d'une telle suavité qu'on ne pouvait l'entendre sans être porté à la prière : les cœurs s'adoucissaient comme à l'approche d'un moment solennel.

La musique est déchue aujourd'hui à tel point de ce degré de puissance et de majesté, que nous en sommes presque à douter de la vérité de ces faits, quoiqu'ils soient attestés par les plus respectables historiens et par les plus grands philosophes de l'antiquité.

Il nous semble plus rationnel de supposer que le chant primitif était de beaucoup inférieur à celui qui existe actuellement.

Nous sommes convaincu que le chant n'affecte pas les esprits seulement en vertu de son caractère, mais plutôt par suite de la disposition naturelle où se trouve l'humanité dans des circonstances et à une époque données.

Peut-on croire que Timothée excitât les fureurs d'Alexandre par le mode phrygien, et l'adoucît ensuite jusqu'à l'indolence par le mode lydien; qu'Éric, roi de Danemark, en entendant la musique, ressentit une telle fureur qu'il alla jusqu'à massacrer ses plus fidèles domestiques?

D'Aubigné rapporte une histoire analogue à celle de Timothée : il dit que du temps de

Henri III, le musicien Glaudin jouant aux noces du duc de Joyeuse sur le mode phrygien, un courtisan fut impressionné de telle sorte, qu'il s'oublia au point de porter la main sur ses armes en présence de son souverain. Mais le musicien se hâta de le calmer, en prenant le mode sous-phrygien.

Les anciens philosophes, tels que Platon, Aristote et l'historien Polybe, avaient pleinement raison en avançant que la musique peut changer les mœurs d'une nation. Je remarquerai ici que la musique des anciens était inférieure à la nôtre pour la mélodie; mais en revanche il se peut que la mélodie ancienne ait eu plus d'influence sur l'humanité que celle de nos jours, et cela par le genre de vie plus austère que menaient les anciens, moins adonnés à la mollesse et moins blasés que nous.

Les ambassadeurs envoyés par saint Vladimir, grand-duc de Russie, pour examiner les différentes religions européennes et lui désigner celle qui leur paraîtrait la meilleure, donnèrent la préférence à la grecque; et revenus près de ce prince, ils lui dirent que le chant qu'ils avaient entendu leur avait semblé un chœur d'anges chantant la gloire du Seigneur. Ce sentiment est facile à comprendre, car ils n'avaient jamais entendu un chant mesuré, réglé et en même temps d'une simplicité pure et grave comme celui-là; en outre, le culte grec leur parut plus solennel que celui de Rome, où le pape Grégoire introduisit le chant adopté par Ambroise, qui l'avait pris aux Grecs dès l'an 380.

Aux premiers siècles du Christianisme, le chant religieux, par la manière de le noter, devenait de plus en plus incorrect; ce qui préoccupa

beaucoup saint Basile le Grand, saint Jean
Chrysostome (407), saint Augustin (430), et le
concile de Laodicée, bien que Constantin le
Grand ait fait tous ses efforts pour corriger le
plain-chant, et ait donné à cet effet des ordres
spéciaux.

Saint Athanase d'Alexandrie réforma le chant
dans son diocèse. Saint Augustin en fit autant
dans l'Église hipponèse, d'où ce chant passa dans
toutes les autres Églises d'Afrique. Ambroise
de Milan fixa les règles du plain-chant, et composa le *Te Deum*. Nous avons dit plus haut
que le pape Grégoire (sixième siècle) le com-
pléta en le compliquant. Nous voyons dans la
vie de ce pontife qu'il perfectionna les cérémo-
nies de la messe et régla la manière et le chant
de l'office canonical, auquel il donna cette harmonie et cette justesse qu'il n'avait pas à beau-

coup près auparavant. Il prenait le soin d'examiner lui-même de quel air on devait chanter
les psaumes, les hymnes, les cantiques, etc., et
il forma ce chant ecclésiastique qu'on appelle
encore aujourd'hui le *chant grégorien.*

Le chant de l'Église grecque fut sujet aux
mêmes changements que celui de l'Église romaine et des Églises de France et d'Angleterre.
C'est ce qui donna l'idée à saint Jean Damascène (760) de lui imprimer une forme plus
régulière; il divisa son système en huit motifs
(глассый), chacun approprié aux différentes
parties du service divin. Ce fait rappelle le système de divisions que les moines employèrent
(quatrième siècle) dans leur office, qu'ils partagèrent en sept parties, comme nous l'avons dit
plus haut.

Nous nous arrêterons ici, nous réservant de

revenir au chant introduit par Jean Damascène.
Cependant, avant d'aller plus loin, nous mar-
querons dans le chapitre suivant les causes et la
date précise du schisme qui s'opéra entre les
deux Églises.

CHAPITRE II.

Saint Paul et saint André. — Marche uniforme des deux empires
d'Orient et d'Occident. — Patriarcat de Photius.

L est inutile de rappeler que saint
Paul et saint André furent les premiers qui prêchèrent le Christianisme en Europe, l'un en se dirigeant d'abord
sur la ville de Philippe en Macédoine, environ
l'an 58, et l'autre vers Kieff et Novogorod, l'an 38
et 58. Saint Paul s'arrêta à Rome, où il resta
longtemps prisonnier, mais sans qu'il cessât de
poursuivre sa grande œuvre.

Les deux empires d'Orient et d'Occident,
séparés seulement d'une manière politique sous

Théodose le Grand (380), avaient, en somme, les mêmes principes et les mêmes idées religieuses. Le but des évêques d'Orient était le même que celui des évêques d'Occident, de prêcher, de défendre et de sanctifier le Christianisme : ainsi au commencement de l'ère chrétienne l'on voit une certaine entente des deux métropoles, qui se séparèrent plus tard.

Les dogmes de la foi étaient semblables; les conciles œcuméniques, la musique même, étaient examinés en commun. Ainsi, si l'on consulte l'histoire ecclésiastique, les noms de Basile le Grand et celui d'Augustin, de Jean Damascène et d'Ambroise de Milan, s'unissent dans la défense de la même cause.

Mais en 858, pendant le patriarcat de Photius, les deux Églises se séparèrent, car c'étaient deux forces équivalentes qui prétendaient chacune à la suprématie. Cette suprématie avait commencé à se prononcer au quatrième siècle, et le concile de Constantinople plaça l'évêque de Rome au-dessus du patriarche de Constantinople. Mais plus tard Photius, qui n'admettait pas que le pape Nicolas Ier fût évêque universel, se sépara de l'Église romaine, et prépara ainsi le schisme grec.

CHAPITRE III.

Musique chez les Grecs anciens. — Introduction d'autres caractères musicaux. — Introduction des lettres latines dans la
notation. — Système d'Arezzo. — Invention de Jean de
Muris.

L est temps à cette heure de dire
quelques mots sur l'ancienne musique grecque, car il est indispen-
sable d'en connaître l'origine pour saisir avec
plus de facilité le développement qu'elle a pris
dans le système de notation, et comment s'est
formée la musique religieuse.

Les Grecs avaient pour leur tablature soixante-
douze signes musicaux, savoir : trente-six caractères pour la musique vocale et autant pour

l'instrumentale. De plus, sur les cinq modes distincts : le dorien, l'ionien, l'éolien, le phrygien et le lydien, ils en formèrent quinze différents en ajoutant le mot *hyper* aux aigus et le mot *hypo* aux graves; en outre, chaque mode se subdivisait en genres, ce qui produisit l'embarras d'avoir seize cent vingt notes et quatre-vingt-dix clefs. (Voyez Alypius, Quintilien, Aristide, Traités sur la musique.)

L'échelle diatonique des anciens Grecs était basée sur les cinq tétracordes, qui ont probablement donné naissance aux parties de la basse, du ténor, du mezzo-soprano et du soprano. Cette hypothèse, sans pouvoir être justifiée à la lettre, a pourtant un certain effet de vérité.

Le premier tétracorde, nommé *hypon,* prenait sa première note ou la grave, et les cinq formaient ensemble deux octaves.

L'introduction de caractères plus simples et
plus faciles date du temps des papes, alors que
la musique, journellement employée dans les
couvents pour la célébration du culte, fit sentir la
nécessité de simplifier l'ancienne méthode ; mais
par suite même de ce fréquent emploi, l'amélioration cherchée devint plus facile à obtenir.

On a des raisons de penser que saint Jean
Damascène (760) a le premier essayé de rendre
l'écriture de la musique plus aisée. Du moins
la plupart des auteurs conviennent qu'il imagina
de nouveaux signes pour les mélodies qu'il avait
inventées, et que ces signes contribuèrent beaucoup à en rendre l'étude facile. Reste à savoir
maintenant si les nouveaux caractères de musique
de ce moine grec ont pénétré dans le reste de
l'Europe, et ont servi à l'invention des notes qui
appartiennent au moyen âge. Le fait est qu'ils

sont restés dans l'Église orthodoxe et dans les
pays conquis par les Grecs, tels que la Bul-
garie (971) et autres pays du rite grec, de même
que chez les Slaves.

Toutefois, l'introduction des quinze lettres
suivantes : *A, B, C, D, E, F, G, H, I, K, L,
M, N, O, P,* dans la notation musicale, est
attribuée par des auteurs judicieux à Boëce (vers
l'an 500); et Grégoire, évêque de Rome, consi-
dérant que les rapports des sons sont les mêmes
dans chaque octave, aurait réduit, un siècle plus
tard, ces quinze notes aux sept premières lettres
de l'alphabet, que l'on répétait en diverses for-
mes d'une octave à l'autre.

Dans cette notation, les clefs étaient marquées
par des F mal contournées, droites, renversées,
penchées, placées chacune dans une case, ce
qui donnait la tête d'un trapèze divisé par six

lignes horizontales, formant cinq intervalles où
l'on écrivait le texte. De cette manière on dési-
gnait le son qui leur convenait.

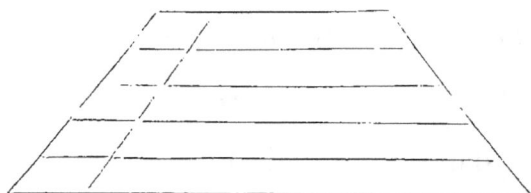

Un autre système consistait à élever et à des-
cendre les lignes du texte en regard de lettres
superposées et qui servaient aussi à déterminer
le degré du son. Puis enfin, le système attribué
à Guy, moine d'Arezzo, qui donna le premier
l'idée des points, d'abord sans lignes, plus tard
avec des lignes pour figurer le son disposé
comme précédemment en regard des clefs superposées.

Enfin c'est encore à Guy d'Arezzo (1027) que

nous devons la nomination des notes, *ut, ré,
mi, fa, sol, la,* qu'il régla sur l'hymne adressée
à saint Jean que nous reproduisons ici :

> *Ut* queant laxis
> *Resonare* fibris
> *Mira* gestorum
> *Famuli* tuorum,
> *Solve* polluti
> *Labii* reatum.

Guy d'Arezzo parle lui-même en ces termes
de son invention, dans son ouvrage ˉsur la
musique intitulé *Micrologue :*

« Le pape Jean **XIX**, qui gouverne maintenant
» l'Église romaine, ayant ouï parler de notre
» école et comment par le moyen de nos anti-
» phoniers les enfants apprennent les chants,
» qui leur étaient inconnus, en fut fort surpris
» et m'envoya trois messages pour me faire

» venir. J'allai donc à Rome avec Grégoire, abbé
» de Milan, et Pierre, prévôt des chanoines de
» l'église d'Arezzo, homme très-savant pour
» notre temps. Le pape, ayant témoigné beau-
» coup de joie de mon arrivée, m'entretint
» longtemps, me fit plusieurs questions et feuil-
» leta souvent mon antiphonier, qu'il regardait
» comme un prodige. Il en médita les règles et
» ne se leva point du lieu où il était assis qu'il
» n'eût appris un verset qu'il n'avait jamais ouï
» chanter, et n'éprouvât ainsi en lui-même ce
» qu'il avait peine à croire des autres. »

Jean de Muris, en 1332, fit encore quelques
améliorations au système d'Arezzo, en inventant
la durée diverse des notes. On lui a également
attribué l'invention du *si;* mais cette opinion est
réfutée par J. J. Rousseau dans son *Dictionnaire
de la musique;* et il affirme que ce n'est qu'au

dix-septième siècle que la septième note de la gamme a été inventée.

Nous nous arrêterons encore ici pour ne pas embarrasser le récit de faits d'une importance relative, en ce qu'ils n'ont presque rien de commun avec le plain-chant russe, qui a suivi une tout autre voie dans son développement, et nous allons revenir à saint Jean Damascène, que nous avons nommé dans les pages précédentes.

CHAPITRE IV.

Beauté de l'ancienne musique grecque. — Saint Athanase, Grégoire le Grand et saint Jean Damascène. — Signes employés
chez les Grecs modernes. — Ces mêmes signes sont adoptés
par les Russes. — Origine de la musique à plusieurs parties.

A musique grecque, maltraitée par
les barbares, ne tarda pas à perdre
le peu d'expression et d'énergie
qu'elle avait conservées dans la prose des livres
saints. La musique d'église offre encore de pré-
cieux fragments de l'ancienne mélodie. Les divers
modes de cette musique, tels qu'ils ont été
transmis dans les anciens chants ecclésiastiques,
conservent une beauté de caractère et une va-
riété d'affection bien sensibles.

Néanmoins ces qualités se perdaient de jour en jour, et tous les Pères de l'Église s'efforçaient, comme nous l'avons vu plus haut, de ne pas la laisser tomber en décadence.

Saint Athanase (371) ne conserva que quatre des modes grecs : — le dorien, l'ionien, le phrygien et le myxo-lydien, — et inventa le plainchant. Ambroise adopta ce système, le régularisa, l'institua à Milan et donna aux quatre tons le nom d'*authentiques*. Grégoire en ajouta quatre autres dits *plagaux,* ou peut-être seulement trois, car on prétend que le quatrième est dû à Guy d'Arezzo. (Il n'y a que cette différence entre le ton *authentique* et le *plagal* correspondant, savoir, que la finale du premier est la tonique, pendant que la finale du second est la dominante.)

Pour approprier autant qu'il est possible l'étendue de tous ces tons à celle d'une seule voix, les organistes ont cherché les tons musicaux qui les expriment le mieux. Voici ceux qu'ils ont établis : 1er ton, *Ré mineur;* 2e ton, *Sol mineur;* 3e ton, *La mineur* ou *Sol;* 4e ton, *La mineur* finissant sur la dominante; 5e ton, *Ut majeur* ou *Ré;* 6e ton, *Fa majeur;* 7e ton, *Ré majeur;* 8e ton, *Sol majeur,* en faisant sentir le ton d'*Ut.*

Saint Jean Damascène, de son côté, prit pour point de départ le plain-chant régularisé par saint Ambroise et composa ses mélodies pour le rite grec sur les huit modes, auxquels il donna le nom de voix, mélodies, et qu'il nota par des signes appropriés, qu'il avait imaginés lui-même [1].

---

[1] Les huit tons inventés par saint Jean Damascène, basés sur les anciennes gammes grecques, correspondent aux modes modernes de la manière suivante : 1er ton, *Ré mineur;* 2e ton, *Ré mineur* finissant sur *Sol;* 3e ton, *Fa majeur;* 4e, 6e et 8e tons, *La mineur* avec modulation différente; 5e et 7e tons, *Mi mineur.*

On ne peut douter que les signes de saint Jean Damascène ne soient les mêmes que ceux qui sont encore employés actuellement chez les Grecs, car les Grecs modernes ne se servent pas de notes semblables à celles qui sont en usage parmi nous; ils n'emploient pas non plus les lettres de l'alphabet, comme leurs ancêtres, mais ils font souvent usage des accents, manière de noter la musique qui a un grand inconvénient, celui de ne pas indiquer la durée de chaque note, mais seulement leur position dans la gamme. Ils conviennent eux-mêmes qu'ils ont perdu le rhythme ou la mesure musicale. Ce qu'ils désignent maintenant par ce mot n'est que le mouvement de la mélodie [1].

---

[1] Voyez Guys, *Voyage littéraire en Grèce;* François-Joseph Schultzer, *Histoire de la Dacie transalpine,* aujourd'hui Valachie, Moldavie et Bessarabie. Vienne, 1781, 3 vol. in-8.

Le changement opéré par saint Jean Damascène nous est parvenu par les livres que nous
employons pour l'office divin, où il se trouve.
Il est vrai que la *Stépennaïa kniga,* histoire des
métropolitains Cyprien et Macaire, tome 1er,
page 224, édition de 1775, dit que « le chant
» quasi évangélique, le beau chant des huit into-
» nations, le mélodieux des trois parties et le
» simple choral, s'est complétement perdu ».

Quoique dans ces annales historiques il soit
indiqué d'une manière peu claire, comme on
voit par ces mots : *le beau chant des huit intonations, le mélodieux des trois parties,* il est plus
que probable que les *huit intonations* sont les
huit modes du chant de saint Jean Damascène,
et non pas les huit parties séparées des voix,
comme on l'a pensé sans fondement. Quant au
mélodieux des trois parties, ce ne sont que les

trois gammes ou les trois octaves qui existent même de nos jours dans nos livres sacrés. Les notes de ces trois octaves, placées dans diverses positions de consonnance par l'intelligence des chanteurs, formaient une certaine harmonie.

Il est assez clair, par les ouvrages d'Aristoxène, que les anciens n'ont connu que le chant à l'unisson. Le *chant sur le livre*, c'est-à-dire cette harmonie, grossière encore, que les chanteurs saisissaient *a prima vista*, a pu commencer peu après le changement introduit dans la musique religieuse par Guy d'Arezzo : il ne nous en est rien parvenu, parce que cette harmonie n'était pas notée, et que les règles n'en ont paru qu'au quatorzième siècle, tracées par Jean de Muris, qui avait été choqué de la barbarie d'un grand nombre de ces accompagnateurs.

D'après les recherches que nous avons faites, il est évident que ces trois parties ne sont que le produit de cette harmonie instinctive, qui n'était pas employée en Russie, à cause de l'ignorance de nos chanteurs

En Occident on ne se sert que de deux clefs dans le plain-chant, la clef d'*Ut* et la clef de *Fa*. La portée n'a que quatre lignes et la clef d'*Ut* peut se trouver sur chacune d'elles.

Exemple :

La clef de *Fa* sert pour le chant grave, étant d'une quinte plus basse que la clef d'*Ut,* et elle se pose rarement sur la seconde ligne, quelquefois sur la quatrième et ordinairement sur la troisième.

Exemple :

En mettant en parallèle les clefs employées de nos jours avec celles d'autrefois, nous verrons que la clef du soprano se place sur la première ligne :

La clef de *Sol* sur la seconde :

La clef d'*Alto* sur la troisième :

La clef de *Ténor* sur la quatrième :

La clef de *Fa* ou de basse sur la quatrième :

Nous remarquons que les clefs de la musique ancienne du plain-chant ont une analogie marquée avec les clefs de la musique moderne. Laissant de côté ce qui concerne le *chant sur le livre,* en Occident, ce que l'on peut lire dans l'*Essai sur la musique* publié à Paris en 1780, nous intercalons ici la seule règle dont on se servît autrefois pour accompagner le chant. On l'ap-

pelait règle de l'*octave*. Elle a été publiée, assure-
t-on, en 1700, par M. Delaire.

TON MAJEUR.

TON MINEUR.

On trouvera à la fin de l'ouvrage la manière
d'harmoniser le chant de saint Jean Damascène
sur les gammes grecques (voir les planches A, B).

Ainsi les Grecs nous ont transmis les signes
musicaux et le plain-chant de saint Jean Damascène. Ce chant s'est conservé sans altération, à
quelques différences près, et se trouve jusqu'à
présent dans nos livres sacrés. Quant à la manière d'écrire, le système a varié au dix-septième
siècle. C'est de quoi nous traiterons dans le
chapitre suivant.

CHAPITRE V.

Règne du prince Vladimir. — Baptême du peuple russe. — Chant sacré après le règne de Vladimir. — Différence des chants d'église en Russie. — Division de la musique ancienne. — Situation de la Russie au treizième siècle. — Tsinghis-Khan. — Les Polonais.

'EST au règne de saint Vladimir que la Russie commença à sortir de la barbarie dans laquelle elle était plongée depuis la migration des peuples. C'est à cette époque qu'elle obéit à l'heureuse inspiration de son prince, en embrassant la religion chrétienne, et se plaçant ainsi au rang des nations qui professaient cette sainte loi.

Saint Vladimir éprouva le besoin d'ennoblir
son cœur par les dogmes d'une religion pure et
vraie, et sentit que sans elle il serait impuissant à
accomplir avec gloire la mission souveraine qu'il
avait reçue du ciel, si l'on peut dire, en même
temps que la couronne. Il vint en héros victo-
rieux, mais loyal autant que brave, réclamer le
Christianisme, les armes à la main, aux portes
mêmes de Byzance, après la prise de Kherson. Il
craignait que les empereurs de Byzance, Basile
et Constantin, ne refusassent de donner en ma-
riage leur sœur Anne à un païen. Vladimir leur
fit savoir par un message qu'il n'attendait que le
moment de se faire chrétien, après quoi il leur
demanderait la main de leur sœur, qui se join-
drait à ses prières pour effacer définitivement de
son âme tout vestige d'idolâtrie.

La réponse des deux souverains de Byzance

lui fut favorable. Cette réponse décida en quelque sorte de la destinée du peuple russe, qui
accepta le baptême avec son prince au dixième
siècle de l'ère chrétienne.

Les Grecs d'abord, et les Bulgares ensuite,
furent les maîtres de notre service religieux ainsi
que de nos chants. C'est à la même époque que
nous vinrent de Constantinople, à la demande
de Vladimir, un métropolitain, des évêques, des
prêtres, accompagnés de coryphées ou de chorèges, appelés à Constantinople démosèges ou
démèges, autrement dit, directeurs de chantres,
(домеcтики ou демеcтики) : de là viennent les
mots russes демеcтво, демеcтвенное пѣніе, *chant*
simple, pour ainsi dire *choral,* pris dans son
sens primitif, du mot grec δῆμος, *peuple,* ou
peut-être δόμος, *maison*, d'où est venu sans
doute le mot grec moderne δομέστικος, signi-

fiant sénéchal ou majordome, et qui dans l'Église a été appliqué aux deux chantres en chef, directeurs des deux chœurs [1].

Ce chant dont nous venons de parler était celui que les Grecs admiraient le plus, et que les Russes gardent encore dans leurs livres sacrés.

Au-dessus de ces directeurs de chantres, était le *grand démosège*.

Pour la plupart, les chorèges arrivés en Russie étaient des Bulgares transdanubiens. De même origine que les Slaves, leur langage, leurs mœurs et leur caractère avaient beaucoup d'analogie avec ces derniers. Les Russes leur doivent donc, tout autant qu'aux Grecs, la connaissance des dogmes de la religion chrétienne.

---

[1] Voyez le Dictionnaire universel français-latin, dit *Dictionnaire de Trévoux*, Paris, 1740; 6 vol. in-4°.

Depuis saint Vladimir jusqu'au prince Jaroslaw Ier, le chant ne fut ni régulier ni savant. C'était plutôt une lecture en récitatif, une sorte de faux bourdon, comme on l'appelait anciennement. Sous le règne de Jaroslaw Vladimirovitch, le chant de saint Jean Damascène fut introduit en Russie. Voici, à ce sujet, les paroles de saint Cyprien, métropolitain de Moscou : « Il » n'a pas seulement plu à Dieu d'entendre glo- » rifier son nom par des paroles; il a voulu en- » core enrichir celles-ci d'un chant divin. Grâce » à la foi du chrétien Jaroslaw, il lui est venu » de Byzance trois chanteurs grecs. Ce sont eux » qui ont institué sur le territoire russe le chant » presque angélique, le beau chant des huit in- » tonations, le mélodieux des trois parties, et » le simple choral, pour louer et glorifier Dieu » et sa très-sainte Mère, et les saints, pour la

» consolation de l'Église, et pour l'agrément des
» fidèles, pour l'attendrissement de l'âme et
» pour l'adoucissement du cœur. »

Après que les chantres grecs furent venus de
leur pays donner des leçons de chant au nou-
veau peuple chrétien, parurent les chants de
l'Église, assez distincts les uns des autres par la
manière dont ils étaient cadencés. Ainsi à Kieff,
à Tchernigoff et à Novogorod, l'on chantait dif-
féremment. Cette différence provenait de l'influence des Polonais ou de leur voisinage, car ce
peuple s'étant mis sous la domination spirituelle
du Pape dès 965, en avait certainement reçu
le chant grégorien, dont il accepta toutes les
modifications successives.

Nos annales historiques nous transmettent le
nom d'Emmanuel le castrat, qui devint plus tard
évêque de Smolensk, comme celui de l'un des

premiers chantres grecs d'un mérite réel qui soient venus dans le douzième siècle nous instruire dans les principes du chant religieux. Il arriva accompagné de deux de ses collègues. Dans le quinzième siècle, on remarque le métropolitain de Kieff, Grégoire Samblac; au seizième siècle, un citoyen de Novogorod et son frère Basile, qui plus tard fut métropolitain de Rostoff; et l'élève de Sava, Théodore, prêtre de Moscou, surnommé le Chrétien. Non moins connus furent Jean le Nez et Étienne le Gueux. Nous pouvons donc diviser la musique ancienne en trois catégories.

1° Le *chant grec choral*, qui est certainement ce chant primitif qu'on nommait демественное пѣніе, qui a aussi été appelé chez les Russes, pour le distinguer des imitations faites dans la suite, столповое, знаменное ; 2° le *chant bulgare;*

10

et 3° le *chant spécialement approprié à l'Église russe.*

Ainsi le chant grec se compose : *a,* du *choral* (демественное) ; *b,* du *chant radical* ou *primitif* (столповое, знаменное) ; *c,* du chant dit путевое, et *d,* du *grec proprement dit.*

Voici ce que nous trouvons dans nos annales sur ces différents chants :

Le chant pour ainsi dire radical n'a point de mesure, mais il est accentué, il se rapproche du récitatif. Le путевое n'a rien de commun avec les chants grecs. Nous ne devons pas chercher à en donner d'autre explication que celle d'un chant mixte, transmis par les Grecs à l'Église russe, dès son principe. Le chant grec proprement dit a de la mélodie et du rhythme. Le bulgare, dans certains endroits, a aussi de la mélodie, et rappelle parfois le chant grec. C'étaient donc là les bases du chant, autour duquel s'en groupaient d'autres, qui avaient tous un rapport entre eux, et dont l'invention était attribuée à l'inspiration religieuse d'un peuple naissant. Un commencement semblable laissait espérer un vaste avenir; mais ce temps heureux pour le peuple russe ne dura pas longtemps.

En 1223, vint le partage de la Russie entre ses princes, dont les guerres intestines affaiblirent leurs propres ressources et leur pays. Tsinghis-Khan fonda sa horde dorée sur les rives du Volga, et, en maître rapace, anéantit tout principe d'ordre et de morale dans le pays conquis. Il ne pensa qu'au butin et aux tributs que les princes ses vassaux devaient lui apporter. Cette effroyable époque commença en 1237.

La religion chrétienne existait dans le peuple, mais négligée et défaillante. Seulement quelques

étincelles lumineuses paraissaient çà et là au sein
des ténèbres, et rappelaient à ce peuple malheu-
reux que le Tout-Puissant veillait sur lui. L'intelligence avait été pour ainsi dire refoulée
dans les profondeurs de la barbarie. Les arts et
la musique étaient donc restés sans développement, paralysés comme toute chose sous le poids
de la crainte et de la servitude. Enfin, Dmitri
Donskoï chassa les barbares, et Jean III reprit
l'œuvre de son aïeul, qu'il continua, remit à
flot la Russie, lui fit oublier les pertes qu'elle
avait faites pendant environ trois siècles, ranima
sa force et son courage, et mérita l'admiration
de ceux qui parcourent ses annales. Mais, hélas!
tout ce que les Russes gagnèrent après que les
barbares eurent été vaincus et chassés, ils le
perdirent dans leurs guerres contre les Polonais,
qui saccagèrent des églises, détruisirent tout

ce qu'ils trouvaient sur leur passage, et, chose inouïe, réussirent à mettre un instant sur le trône de Russie et de saint Vladimir un moine fugitif, du nom de Grischka Otrépieff.

Sous des auspices aussi funestes, le chant religieux dut tomber de plus en plus en décadence.

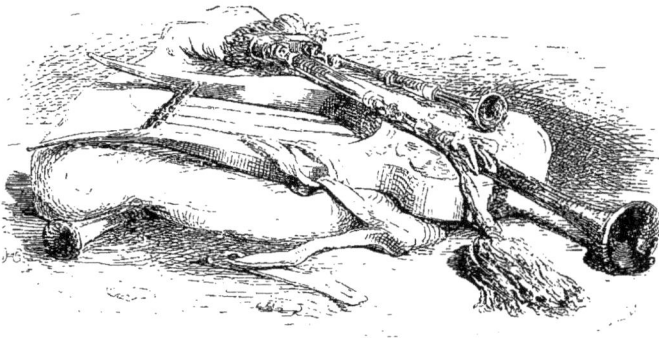

CHAPITRE VI.

Révision des livres saints et de la musique sacrée, sous le tsar
Alexis. — Nicon, patriarche. — Manière de noter, gamme,
mesure. — Des livres de musique sacrée.

E n'est que le tsar Alexis qui rétablit
l'ordre des choses, et donna à la
religion l'autorité et l'éclat que ses
successeurs ont maintenus et continuent à main-
tenir avec gloire et honneur. C'est sous les
auspices de Nicon que cette œuvre sérieuse
commença. Ce grand homme, versé dans toutes
les branches de la science, à peine élu métropolitain de Novogorod, comprit la nécessité de
corriger le service divin et le chant, en leur
ôtant toutes les imperfections qui s'y étaient glis-

sées pendant les longues années de désordre et de calamités auxquelles il vient d'être fait allusion.

Et lorsqu'il fut élevé à la dignité de patriarche, il revit et fit adopter le chant réglé de saint Jean Damascène. Nicon aimait de prédilection le chant grec et principalement celui de Kieff, qui n'était presque pas connu dans la Grande-Russie. En 1656, le patriarche de Constantinople envoya un archidiacre, Mélétius, pour y enseigner le chant, et dix ans plus tard parut une *Grammaire de chant* en slavon, par Nicolas Diletski, intitulée : Идеа Граммашики музыкійской.

Il est faux de supposer qu'il changea la musique au point de lui ôter toute son originalité primitive. Son historiographe mentionne un fait qu'il est nécessaire de prendre en considération; car il dit que Nicon organisa des chœurs de bons chantres, choisit des motifs, et en fit un chant vif, préférable à un orgue sans âme.

Nicon aimait trop la musique grecque pour la remplacer par le chant de l'Église romaine, et cet orgue *sans âme* dont il parle est certainement le souvenir de l'office religieux importé de Rome en Pologne. — Sans nul doute, Nicon voyant la musique grecque chargée de fautes, a dû avoir recours au principe de la musique d'Occident, laquelle a pris un grand accroissement au quinzième siècle ; mais les chants de saint Jean Damascène n'ont pu changer au point de perdre tout leur caractère rhythmique. Ces idées très-mal fondées, qui avaient pénétré dans l'esprit de quelques pédants en matière d'antiquité et de croyance, firent surgir plusieurs sectes, dont les adhérents sont appelés en Russie *raskolniks*.

Nous savons que la notation musicale que les Grecs nous transmirent se composait d'accents ; mais les provinces et villes de Russie, telles que l'Ukraine, Kieff, Tchernigoff, Smolensk, furent presque, à commencer du treizième siècle, sous la domination des Polonais et des Lithuaniens ; se trouvant ainsi de plus en plus en rapport continuel avec eux, le chant grec, ainsi que le choral, fit place à un style approchant de celui des grands maîtres d'Italie. Les accents furent remplacés par la notation due à l'invention d'Arezzo.

Nicon trouvant ce système plus facile à emprunter, il l'introduisit dans notre musique sacrée, et mit de côté les accents (крюки), qui, de nos jours, ne sont plus employés que dans les livres d'heures des raskolniks (schismatiques).

Ce genre d'accents n'est certainement pas sans analogie avec les accents inventés par saint Jean

Damascène; mais ce ne sont plus les mêmes,
car un manuscrit du dixième siècle, trouvé de
nos jours dans le monastère de la Sainte-Tri-
nité, près de Moscou (Троица Сергіевская лавра),
prouve que les accents employés par les schismatiques des derniers siècles diffèrent essentiel-
lement de ceux qui étaient usités dans les temps
antérieurs [1].

Nous devons l'éclaircissement des signes musicaux des schismatiques à Ivan Iakhimoff Schaï-
douroff du seizième siècle; et plus tard, sur cette

---

[1] Un manuscrit inédit du comte Dmitri Tolstoï sur la musique
sacrée en Russie, 1851, dont j'ai pu apprécier les notions sa-
vantes, donne quelques indications touchant l'étude des anciens
accents.

Je ne dois pas cacher ici que le prince Odoëvsky prépare, en
même temps que moi, une histoire de la musique en Russie. Le
nom du prince suffit pour que son livre excite une légitime
curiosité parmi le monde savant.

base, les commissions organisées par le tsar
Alexis pour la révision des livres saints adop-
tèrent les règles suivantes pour traduire ces
accents en notes d'égale valeur sur la portée
ordinaire de cinq lignes.

Nous reproduisons à la fin de cet ouvrage tous
ces signes avec leurs noms et leur signification,
et donnons un exemple d'un chant du dix-
septième siècle. (Voir les planches de 1 à 5.)
Mais outre la signification toute relative de ces
signes, il restait encore à déterminer leur place
sur la portée, et pour cela la commission adopta
la gamme qui suit :

Outre ces signes, il y en a d'autres qui sont
plus usités : *f* signifie *égale;* *ẟ* signifie *vite;*
Ϳ veut dire *accentué;* ΙΙΙ *lent;* et ΙΙ *balancé.*

C'est ici le moment de parler de la notation introduite par Nicon sur les données de saint Jean Damascène, appropriées au système occidental.

La clef du chant religieux, qui est la clef de l'alto, se pose sur la troisième ligne :

Les gammes procèdent de la manière suivante :

Pour la gamme supérieure, la note sur la ligne de la clef est l'*Ut*, et forme jusqu'au *La* de la même octave la gamme haute.

La gamme intermédiaire commence entre la première et la deuxième ligne, et va également de l'*Ut* jusqu'au *La*.

La gamme basse commence trois tons au-dessous de la ligne et a la même étendue.

D'après cet exemple, il est facile de voir que

les notes changent de nom selon la gamme à laquelle elles appartiennent. Ainsi l'on remarque que l'*Ut* de la gamme supérieure se nomme *Fa* à la gamme intermédiaire, de même que le *Ré* devient *Sol,* le *Mi* devient *La,* etc.

Les gammes se développent donc de la manière suivante : *ut, ré, mi, fa, sol, la, mi, fa, ut, ré, mi, fa, sol, la, fa, sol, ut, ré, mi, fa, sol, la, mi, fa* ou *ut.*

DURÉE DES NOTES.

Mesure entière

Demi-mesure

Quart de mesure simple

Quart de mesure rompue

Quart de mesure liée

Quart de mesure sous la ligne

Pour le reste des signes, nous nous abstenons d'en parler, car ils ont trop d'analogie avec ceux de la notation universellement connue.

Les livres qui contiennent les chants parvenus jusqu'à nous sont d'une rareté excessive ; il est impossible de les trouver dans le commerce, et c'est dans les couvents seuls qu'il faut aller les chercher.

Les bases principales de la musique sont l'*Octoèque* et l'*Irmologion,* qui contiennent des vers composés par saint Jean Damascène, lesquels sont nommés степенно, tirés des psaumes 119 à 134 ; ils se chantent à l'office de toute la semaine, sur l'un des *huit tons,* basés sur les gammes anciennes. Chaque voix de la степенно se divise en trois antiphonies, excepté la huitième, qui est subdivisée en quatre, au lieu de trois.

Le livre dit Обиходъ Церковный est une espèce de bréviaire, formé sur les huit tons (г.іассіі) des ouvrages précédents, et il contient l'office de la messe de Basile le Grand, ainsi que de saint Jean Chrysostome, les chants dits *tropaires, condos, acothistos, canons,* etc. Chacun de ces chants est reproduit sous divers styles.

Je joins ici quelques échantillons de différents chants que j'ai tirés de ces livres sacrés. Ils suffiront à donner une idée exacte de celui qui est employé dans nos églises, et dont l'usage remonte au septième siècle. (Voir les planches 6 à 13.) J'ai cru nécessaire d'y joindre en même temps quelques fragments de ces chants arrangés à quatre voix par M. Lamakine, chef des chantres du comte Chérémétieff. Cet artiste plein de talent a pris pour base les gammes des anciens Grecs, sur lesquelles il a harmonisé le chant de l'Église primitive; et à force de recher-

ches minutieuses il est parvenu à donner à la
mélodie la gravité et l'ampleur de ce style ancien, complétement perdu de nos jours, et dont
l'Occident même n'a aucune idée précise. (Voir
les planches de 14 à 17.)

CHAPITRE VII.

Compositeurs de musique sacrée en Europe au quinzième siècle. — L'Église russe sous le règne du tsar Théodore. — Introduction du chant à plusieurs parties (партесное пѣніе). — Pierre le Grand et l'évêque Théophanès. — Goût italien introduit dans le chant. — Études de Théophanès en Italie. — Fondation d'un chœur de chantres.

'EUROPE, à dater du commencement du quinzième siècle, suivit une marche d'une rapidité prodigieuse dans toutes les branches de l'intelligence humaine. La musique ne fut pas oubliée. En 1400, Guillaume Dufey, Hollandais, fut le premier qui donna les règles de la composition. En 1502, Octave Petrucci, Italien, inventa les caractères musicaux d'impression.

Parmi les compositeurs de chants religieux,
nous nommerons Roland de Leître ou Orlando
de Lusso, 1594. L'*Improprerio* et la *Missa papæ
Marcelli* de Giovanni Palestrina, valurent à celui-
ci une attention toute particulière du monde artiste savant. Les papes Jules II et Jules III se
partagèrent l'honneur de protéger cet éminent
artiste. Puis vinrent Nanini, le maître du célèbre Gregorio Allegri, qui s'immortalisa par son
Miserere, l'Espagnol Thomas delle Vittoria et
Baïo.

L'Allemagne nous fournit les noms de Hanz
Walter, de Louis Senft, et surtout celui de Jean
Eccard; plus tard, ceux de Bach, de Hændel,
de Mozart, etc.

Les travaux de ces maîtres ne pouvaient res-
ter inconnus des pays qui par leur éloignement
échappaient à l'influence de l'Église romaine. Ce

fut une réaction dans le monde musical, réaction tout au profit de l'oreille, et qui en soumettant la musique aux règles bien établies de l'art, devait incontestablement produire un sentiment général d'admiration autant que de surprise sur l'esprit de ceux qui rêvaient déjà progrès et civilisation.

Le tsar Théodore Alexéiévitch (1676-1682), dans sa noble tendance à éclairer son peuple, pour donner l'exemple lui-même fit des études sérieuses dans différentes branches des sciences : il apprit le latin et d'autres langues, cultiva la poésie comme la musique, étudia les mathématiques, et fonda une académie gréco-slavo-latine, qui nous fournit des hommes d'un rare talent.

L'Église, sous le règne de ce Tsar, entendit pour la première fois résonner dans ses temples le chant à plusieurs parties (partes). Ce changement

eut lieu après l'annexion de la Petite-Russie à la
Grande par l'expulsion des Polonais en 1677.

Ce chant ne s'était pourtant pas universellement répandu; il ne se faisait entendre que
d'une manière isolée dans quelques-unes de nos
églises. Il ne fut introduit partout qu'à l'avéne-
ment de Pierre le Grand. Cette haute intelligence, ce puissant génie, jugea utile d'abolir la
dignité de patriarche, et trouva nécessaire de
réunir dans ses mains l'administration des affaires temporelles et des affaires spirituelles. Sa
première pensée se porta donc sur l'Église, cette
base naturelle de la grandeur, de l'ordre et de
la morale. Dans ses nombreuses ordonnances, il
institua le chant en parties, qui malheureuse-
ment reçut alors le germe du goût italien. Le
Tsar était fortement convaincu que le cœur de
l'homme n'est pas seulement ce morceau de

chair que les médecins dissèquent pour en connaître la structure, mais qu'il est encore le cen-
tre de tous les nobles sentiments de celui que
Dieu a créé à son image, de cet être impression-
nable, qui ne se trouve dans sa sphère réelle
que lorsqu'il est entouré de l'harmonie de la
nature, prise dans son sens le plus absolu.

Les voyages que fit le Tsar, les connaissances
qu'il acquit, son goût élevé, et surtout le désir
de voir son pays prospérer, lui firent adopter et
hardiment appliquer tout ce qu'il trouva en Europe de supérieur à ce qui existait en Russie.
Le chant italien produisit sur lui l'effet attendu :
la phrase, la mélodie, la règle, tout le frappa
justement. Mais la pureté de ce style ne put encore pénétrer dans notre pays, ignorant de cette
intelligence fougueuse et inventive du monde
civilisé. Le chant alors n'était qu'une copie sans

règle, sans principe aucun, malgré les maîtres étrangers qui venaient instruire nos jeunes chanteurs.

L'évêque Théophanès, parrain de Pierre le Grand, qui ne manquait jamais d'aider de ses conseils son auguste filleul, cet homme d'un rare talent porta ses regards sur le clergé, auquel il donna une direction nouvelle d'ordre et de tenue. Ce prélat avait fait ses premières études à Rome, et dans diverses académies de l'Italie, où la musique prenait une très-grande extension. S'étant mis en rapport avec les artistes les plus distingués, Théophanès acquit non-seulement une érudition profonde, mais encore un goût et une entente exquise de la musique. Lorsque son souverain lui permit d'utiliser ses connaissances musicales, il aborda la question de la musique vocale et du chant en parties.

En 1719, il proposa de former un chœur de chantres, attaché spécialement au saint synode. Ce chœur prit le nom de chantres du saint synode (синодальные). L'empereur Pierre Ier trouva cette idée heureuse, et en forma un dans sa chapelle particulière. Théophanès facilita aux musiciens de son temps les moyens d'aller faire leurs études à l'étranger.

Cependant lorsque le Tsar vit combien la culture de la musique avait été négligée, il mit Théophanès à la place du métropolitain Étienne Yavorsky, qui en était précédemment le chef, et pria le premier de s'en occuper sérieusement.

Jusqu'au règne de l'impératrice Élisabeth, le chant religieux ne fut chez nous qu'une imitation du chant italien. Le chant indigène n'avait reçu aucun développement : pas un compositeur ne se hasardait à l'exploiter.

CHAPITRE VIII.

Musiciens étrangers appelés à la cour de l'impératrice Élisabeth.
— Amélioration du chant d'église au règne de l'impératrice
Catherine. — Musiciens étrangers, style italien, compositeurs.
— Bartniansky. — Éducation de Bartniansky. — Dekhtéreff.
— Maîtres de chapelle étrangers.

'IMPÉRATRICE Élisabeth, la digne fille de
Pierre le Grand, avec des sentiments
nobles et élevés, maintint la Russie
pendant son règne dans une voie de progrès.
Quelques musiciens étrangers furent appelés à
sa cour, entre autres Raupach, Bulond, Aray,
Salieri et Statzer. Ces artistes donnèrent les
premières instructions des règles du chant employé en Europe, et par leur application par-

vinrent à former d'habiles maîtres de chapelle, tels que Ratchinsky et Bérésovsky (1743), qui furent de leur côté, plus tard, des professeurs de chant. L'exemple que je joins à la fin de cet ouvrage prouve combien Bérésovsky connaissait à fond la musique, et appuyait ses connaissances sur des études profondes du cœur humain. Cette composition est digne des grands maîtres et en possède toutes les qualités éminentes. (Voir les planches de 18 à 25.)

Les chantres employés à la cour étaient tous des Petits-Russiens, dont les voix flexibles et pures excellaient à reproduire le chant du style italien.

En mainte occasion, l'Impératrice rassemblait ces chantres pour leur faire exécuter, avec accompagnement de musique instrumentale, des opéras de maîtres étrangers. On exécutait en-

core des Oratoires, entre autres un Oratoire du
psaume de David, musique de Raupach, mis en
vers par l'un de nos grands écrivains de ce
temps, le célèbre Lomonossoff, cette individua-
lité remarquable par son caractère autant que
par son génie.

L'impératrice Catherine, dont on connaît le
goût prononcé pour les arts et les sciences,
apporta aussi de grandes améliorations dans le
chant d'église. Néanmoins le style italien s'y faisait trop reconnaître, et étouffait le principe de
son originalité primitive. Les compositeurs qui
parurent à cette époque furent même des imi-
tateurs minutieux du style des grands maîtres
italiens et allemands qui firent admirer leurs
œuvres à leurs contemporains.

Les maîtres de chapelle étrangers appelés
par Catherine, Gallupi (1703), Sarti (1784),

accompagnés de nombreux chantres, introdui-
sirent la musique concerto-vocale, que tout le
monde tâchait d'imiter. Ce sont eux encore qui
défigurèrent les chants de la messe en leur donnant la cadence italienne et en superposant la
tierce à la mélodie primitive, qui en perdit
complétement son originalité. Ce chant s'appelle
le *chant de la cour* (придворное пѣніе); il est
usité dans les églises particulières. La différence
est grande, quand on compare l'ancienne messe,
dite Столпавая обѣдня, avec celle dont nous
venons de parler.

Quoique je sois loin d'approuver le développement d'une musique hétérogène, et que le
simple but de copier le style des autres n'ait à
mes yeux aucun mérite, néanmoins je dois con-
venir que certaines compositions de la catégorie
de celles que je viens de nommer, sortant de la

ligne ordinaire, et laissant voir une conception
grande et majestueuse, attirent l'attention et
méritent une place à part.

Bartniansky (1751-1825), pour ainsi dire
notre premier compositeur de musique sacrée,
artiste d'un rare talent, et dont les compositions
sont d'un mérite véritablement incontestable,
fut envoyé par Catherine en Italie pour se perfectionner dans l'art musical. L'Italie de ce temps
n'était plus l'Italie ancienne; les compositeurs
de musique religieuse y avaient oublié la mission
que leur imposait l'avenir de l'art; la phrase
d'opéra avait remplacé la phrase large et majestueuse des anciens maîtres.

Il est peut-être hardi de prononcer un jugement aussi sévère sur cette époque; mais nous
ne généralisons point ici, nous ne parlons que
de la musique sacrée. Ainsi, du temps de Vinci,

de Pergolesi, Danini, Jomelli, Piccini, Sacchini, cette musique était en décadence.

Ce fut en Italie, et sous des auspices pareils, que Bartniansky[1] reçut sa première éducation.

Étant donc tout pénétré de cette musique d'opéra, alors si fort en vogue, il en apporta le germe dans son pays. Néanmoins son cœur et son âme ne furent pas corrompus complétement par la surabondance de roulades et de fioritures. La preuve à cet égard sera péremptoire, lorsqu'on verra les partitions que nous reproduisons plus loin. (Voir les planches de 26 à 29.) Il comprit que pour chanter la gloire de Dieu, plus il y avait de simplicité, plus le chant allait au cœur. Ses chants sont d'une suavité pleine de

---

[1] Conseiller d'État actuel, directeur des chantres de la cour; compositeur de trente-cinq concerts religieux à quatre voix, dix à double chœur, une messe à trois voix, etc., etc.

goût, son harmonie est majestueuse, et sa phrase musicale a un élan qui semble emporter l'âme vers Dieu. Combien plus grand compositeur n'eût-il pas été, s'il avait su se frayer une voie plus indépendante du goût italien!

Un autre artiste plein de talent, mais inférieur à Bartniansky, était Dekhtéreff. Ses concerts sont bien faits; mais sa tendance aux roulades lui fit oublier la vraie musique, et il s'occupa trop superficiellement de la combinaison des voix. Les personnes qui verront ses compositions pourront elles-mêmes juger de son talent. (Voir les planches.)

Outre le petit nombre de nos compositeurs, nous devons citer, comme nous l'avons déjà fait précédemment, quelques maîtres de chapelle étrangers, parmi lesquels Sarti tient sans contredit le premier rang. Ses compositions, et surtout ses messes, sont d'une facture imposante. C'est à lui que nous devons encore l'invention des instruments à vent qui ne donnent chacun qu'une seule note, avec lesquels on était parvenu à exécuter des morceaux d'une grande difficulté. L'Europe a pu juger de la finesse d'exécution obtenue avec ces nouveaux instruments, car l'orchestre du prince Dolgorouky a fait des voyages à Paris, à Londres, etc., sous la direction d'un entrepreneur, dans les années 1826 et 1827.

Revenons à Sarti et à ses compositions. Outre le style de ses morceaux, que nos lecteurs pourront juger plus loin, nous voulons donner une idée de la mise en scène qu'il affectionnait, et faire connaître la pompe dont il entourait ses œuvres. A ce goût de spectacle grandiose, on reconnaît son origine italienne.

Le prince Potemkin, favori de Catherine, donnait à Yassi, ville de Moldavie, un grand festival musical, où cinq cents chantres exécutèrent l'Oratoire de Sarti, *Te Deum laudamus* (Тебя Бога хвалимъ). — Une masse formidable de musiciens accompagnaient le chant. Des coups de canon tirés en certains endroits devaient peindre la grandeur et la gloire de Dieu. Nos annales parlent de ce festival comme ayant produit une impression prodigieuse sur les Moldaves.

Les critiques de nos jours ne seraient pas unanimes à trouver du mérite au compositeur qui imaginerait de manifester par des coups de canon la majesté du Tout-Puissant : ils réclameraient de la musique autre chose qu'une mise en scène de théâtre, qui ne consiste qu'à faire du bruit pour produire de l'effet sur les auditeurs.

CHAPITRE IX.

Les deux styles dans la musique d'église. — L'oukase concernant le chant d'église, de l'empereur Paul Ier. — Défense de l'empereur Alexandre Ier touchant les chants modernes dans l'Église. — Réimpression des livres de chant sous l'empereur Nicolas. — Quelques compositeurs de second ordre. — Les chœurs de chantres.

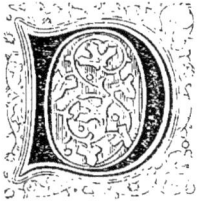

'APRÈS ce que nous avons dit dans le courant de cet ouvrage, nous remarquons que deux styles de musique différents se sont introduits dans notre Église. L'un, que l'on pourrait appeler style italianisé, a été apporté chez nous par les étrangers, de l'Occident.

L'autre est cette mélodie simple et naïve qui

14

nous vint de la Grèce avec la religion chrétienne, *le chant de saint Jean Damascène*. Il est heureux de pouvoir dire que ce style italien dont les compositeurs nourrissaient leur esprit musical, trouvant qu'il était plus facile de copier des mélodies toutes faites que d'en inventer de nouvelles qui fussent surtout originales; il est heureux, dis-je, de pouvoir affirmer que ce style ne pénétra point dans le chant de l'Église primitive, qui resta intact; seulement il garda son état inculte, n'ayant jamais servi de thème à aucune production. On peut donc avancer péremptoirement que ce chant en est encore à ce même degré d'enfance qui marqua les temps même de son origine.

Ce chant grec s'est conservé dans nos bréviaires avec un religieux respect, et il a attiré par cela même l'attention de nos souverains.

L'empereur Paul Ier s'étant aperçu que dans certaines églises on chantait des morceaux de concert contenant des vers de composition moderne, ordonna, par son oukase du 18 mai 1797, l'emploi exclusif du chant ancien. Cependant cet oukase, paraît-il, ne suffit pas, car le chant italien ne tarda pas à prendre dans nos églises une extension excessive. L'empereur Alexandre Ier le remarqua ; il remarqua également que, par suite de cette intrusion, la musique de Bartniansky était très-mal exécutée, et que notre ancien chant d'église, loin de s'améliorer, déclinait de plus en plus. Alors ce prince prit une résolution énergique. Il défendit l'emploi du chant de facture nouvelle dans sa chapelle particulière, et ordonna qu'on n'y exécutât que le chant ancien. Cette défense ne pouvait manquer de s'étendre à toutes les autres églises.

Son auguste successeur, l'empereur Nicolas,
ordonna la réimpression des livres de chant, que
le saint Synode appela *Irmologie des chants avec
leur notation;* ce qu'avaient aussi fait les impé-
ratrices Anne et Élisabeth et les tsars Paul et
Alexandre. En outre, il fit mettre en partitions à
quatre voix ce qui n'était écrit qu'à une seule,
en défendant qu'il fût fait aucun changement à
la mélodie primitive. Heureuse inspiration, qui
n'a été mise en exécution que trop textuellement!
car si nous devons à cet ordre impérial la con-
servation du caractère ancien de notre chant
d'église, l'harmonie moderne en a complétement
changé l'expression.

Cette édition contient plusieurs volumes, qui
sont : l'Octoèque, l'Irmologion, le Bréviaire
(Обиходъ). Mais comme c'est une œuvre contemporaine, je m'abstiens d'en parler, afin de ne

pas m'éloigner du principe que je me suis imposé dans le courant de cette histoire.

Peut-être ne sera-t-il pas hors de propos de marquer ici les noms de quelques compositeurs de musique sacrée, tels que Carcelli, Hirsch, Davidoff, Kozlovsky, Naoumoff, Tourtchéninoff et A. Lvoff.

Je ne m'arrête pas à l'artiste Davidoff ni à Kozlovsky, général inspecteur des chantres à Pétersbourg. N'ayant vu aucune de leurs compositions, et ne m'étant jamais trouvé en situation de les entendre, je ne saurais porter sur eux aucun jugement.

Naoumoff, directeur du chœur des chantres à l'église de l'hôpital Galitsin, à Moscou, a beaucoup écrit. Parmi ses œuvres on remarque surtout les prières de la consécration du Saint-Sacrement et les prières à la Vierge (Херувимская и Достойныя).

Hirsch mérite une certaine attention d'estime par la production de quelques ouvrages qui lui ont assez bien réussi : *Une prière pendant le Saint-Sacrement* (Херувимская), le *Pater noster* et le *Kyrie eleison*.

L'arrangement des livres de chant d'église à quatre voix, par Tourtchéninoff, dont les éditions contiennent l'extrait de l'Octoèque, n'a aucune valeur. Ce travail n'est qu'une mise en quatre voix des chants anciens, qui, par un accompagnement dans le style moderne, ont perdu tout sens primitif.

Les ouvrages de M. Alexis Lvoff sont trop connus à l'étranger pour que je trouve nécessaire d'en faire ici la nomenclature; et, selon ce que j'ai dit plus haut, cette œuvre étant contemporaine, je m'abstiens d'en parler.

Nous devons remarquer encore quelques

chœurs de chantres qui ont été le plus en re-
nom. Moscou possédait vers le commencement
du siècle cinq chœurs ; ceux de l'Université, de
l'hôpital Galitsin, du saint Synode, de l'Académie ecclésiastique et de l'archevêque. Il y avait
aussi à Moscou les chœurs du comte Rasou-
movsky, de M. Békétoff, des princes Galitsin
et de Neswitsky. Quant à ceux de Pétersbourg,
qui ont acquis de notre temps une célébrité européenne, ce sont les chantres de la cour et
ceux du comte Chérémétieff.

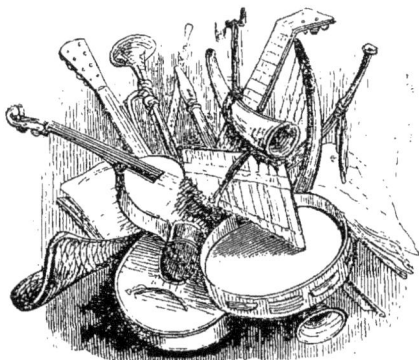

CHAPITRE X.

CONCLUSION.

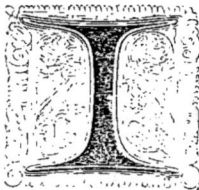

IL est temps, pensons-nous, de terminer ici cette rapide esquisse historique de notre musique sacrée, car nous ne saurions entrer dans de plus grands détails sans toucher aux compositeurs contemporains qui ont écrit dans le style religieux, et ce serait aborder une question étrangère à l'objet que nous nous sommes proposé.

Nous voulons éviter de nous mêler à une polémique inutile, qui n'a guère produit que de l'irritation et des antagonismes personnels regrettables.

Nous nous bornerons donc à combattre le mensonge ancien et les erreurs qui en sont résultées. Nous avons vu dans le cours de cet ouvrage la marche qu'a suivie le chant d'église de siècle en siècle, comment les Grecs nous l'ont transmis dans les beaux chants de saint Jean Damascène, qui garda leur expression la plus authentique, et comment ce chant est resté longtemps chez nous pour ainsi dire flottant et sans progrès, privé qu'il était des conditions nécessaires à son développement, par suite de la situation difficile et perplexe où s'est trouvée la Russie pendant de longues années.

Nous avons vu le style italien avoir une certaine influence sur la musique religieuse, mais sans en altérer le principe. Les lumières de

15

la civilisation, qui pénètrent de toutes parts
en Russie, décideront enfin le monde savant
artistique russe à s'occuper de la culture de
l'un des éléments les plus expressifs de la vie
du peuple, vérité qu'on ne saurait révoquer en
doute : il suffit d'ailleurs de lire les annales historiques et d'approfondir les bases de l'ancien
chant.

Il ne faut pourtant pas s'attacher uniquement
aux principes anciens du chant d'église, ni à
l'état d'imperfection où ils nous ont été transmis, pour réorganiser ce chant à l'instar de ce
qu'il a été primitivement. Il serait déplacé, par
exemple, de vouloir rétablir l'usage des accents,
vu que ces signes musicaux ne marquent guère
que l'enfance de l'art. Suivre scrupuleusement
l'harmonie basée traditionnellement sur les anciennes gammes des Grecs, serait tout aussi dé-

placé, car l'on tomberait inévitablement dans la monotonie.

Il y a des admirateurs fanatiques de l'art ancien qui voudraient entendre le chant primitif, imparfait, monotone, même chargé de fautes, le trouvant beau parce qu'il est antique ; mais cette manière d'envisager l'art serait par trop mesquine ; le sens philosophique exige que l'art s'appuie sur un principe pris pour base, auquel viennent se rattacher ensuite tous les développements qu'il comporte. Pour mieux saisir ma pensée, il suffit, par exemple, de la comparer au développement des études philologiques. Un grammairien intelligent remontera d'abord à la source de la langue qu'il étudie ; mais s'il ne prenait pas en considération les travaux dont elle a été l'objet, les critiques qu'elle a suggérées, en un mot les progrès qu'elle

a faits, qu'il prétendît que son point de départ
a été le moment de sa perfection, et qu'il faut
revenir aux termes et aux façons de parler
d'autrefois pour s'exprimer avec élégance et
clarté, le lecteur fermerait le livre, et il aurait
raison.

L'antique est beau par lui-même, parce qu'il
est une imitation naïve de la nature; ainsi les
sculpteurs, les peintres, tous les artistes anciens, puisaient d'abord leurs inspirations dans
la nature, et à mesure que l'art se perfectionna,
tout en restant fidèles à la vérité, ils tendirent à
l'idéaliser. Mais ce but, dont on peut et doit ap-
procher, il est impossible de l'atteindre, parce
que l'homme, borné dans sa puissance esthé-
tique, est toujours admirateur de sa propre
création. Après beaucoup d'études et d'efforts
il arrive à une perfection relative au delà de

laquelle il se trouve au commencement de la décadence.

La théorie en matière d'antiquité est bonne, si elle est présentée d'une manière succincte et déduite de matériaux exacts. Mais des dissertations sur tel signe, tel accord ou telle modulation, n'amènent que la confusion et posent rarement des principes vrais et féconds. Aussi les exemples que je donne dans mon Traité sur les accords du plain-chant ne sont là que pour ouvrir les yeux sur la valeur des hypothèses plus ou moins fondées relativement à l'harmonie. Les suivre scrupuleusement ne serait d'aucun fruit pour le progrès.

Le chant principal ou primitif, dans sa plus grande simplicité, arrive plus directement à l'âme qu'une combinaison de notes qui étonne souvent, mais sans jamais réchauffer le cœur.

Peut-on prier avec onction dans le temple de Dieu, lorsqu'on y entend les mêmes accords que ceux de la musique profane?

L'art sans doute ne nuit jamais aux productions musicales, mais lorsqu'on en fait abus, il reste sans effet sur la masse des auditeurs, notamment lorsque cet art fait disparaître ce qui marque par-dessus tout le type du goût national. Comme le caractère moral est en toutes choses le mobile des actions et des sentiments humains, à plus forte raison doit-il agir sur ce qui réveille les émotions religieuses, conséquemment sur le chant sacré, dont le propre est d'arracher notre esprit aux vaines agitations d'ici-bas, pour le ravir dans les sphères célestes, notre divine et éternelle patrie.

Rameau disait à son ami Ballustre, organiste de l'Église de Paris : « La musique se perd. »

Il dirait aujourd'hui : « Les musiciens se perdent par leur tendance à ne chercher que l'effet dans leurs compositions, sans se préoccuper du reste. » Que résulte-t-il de là? que la confusion est à l'ordre du jour.

Admirons les talents étrangers, lorsqu'ils le méritent; suivons le développement de leur génie dans sa voie progressive et glorieuse ; mais ne soyons point des compilateurs les uns des autres, et formons des écoles à nous dans les principes de notre nationalité. Alors, voyant le progrès se faire aussi parmi nous, nous n'aurons plus l'injustice de déprécier le mérite des artistes de notre pays, pour exalter outre mesure le talent quelquefois douteux des artistes étrangers, et saurons nous garder en même temps de l'excès contraire, ne faisant pas comme ces esprits aveugles qui se laissent aller à l'enthousiasme exagéré d'une nationalité triviale et sans raison.

Pour conclure, nous dirons, en faisant allusion à un mot très-connu, que pour obtenir de la vraie et bonne musique, il faut des études, des études, et encore des études.

FIN

TABLE.

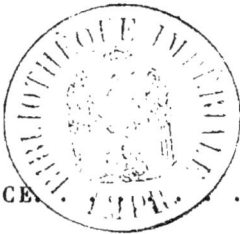

Крюковые знаки Г͂остолѣтіᴎ.

*(Tiré de l'Octoèque
notation et écriture du X siècle.)*

Гладешелюдне пимшнѣснехристи

о бигоу i р здѣлешеумочмире ипришед

ишоулюдисажеиспостаи изравишыег

инепесниia. гапипрпелаписia пинми

господепи пѣснениоу страшенавичюди

гагидѣпапиридн вигаипчелипѣ чешесia.

ипирижестиыбпакидиепиюпрвоьсте.

Harmonie pour l'accompagnement des anciens chants de saint Jean Damascène réglée sur les gammes grecques.

Гармонія для Церковныхъ напѣвовъ Іоанна Дамаскина основанная на древнихъ Греческихъ Гаммахъ

Sur la gamme Dorique.

1. Mode.

1й Гласъ.

Sur la gamme Hypo-Mixo-Lydienne.

2. Mode.

2й Гласъ.

Sur la gamme Lydienne.

3. Mode.

3й Гласъ.

Sur la gamme Phrygienne.

4. Mode.

4ᵘ Гласъ.

Sur la gamme Mixo-Lydienne.

5. Mode.

5ᵘ Гласъ.

Sur la gamme Hypo-Lydienne.

6. Mode.

6ᵘ Гласъ.

Sur la gamme Hypo-Phrygienne.

7. Mode.

7ᵘ Гласъ.

Sur la gamme Hypo-Dorienne.

8. Mode.

8ᵘ Гласъ.

№	Accents. Знамена или Крюки.	Dénominations. Названіе ихъ.	Signification Переводъ.
1.		Запятая съ крижемъ. *(Virgule avec astérisque.)*	я
2.		Стрѣла свѣтлая. *(flèche claire.)*	ви
3.		Стопица съ очкомъ. *(pas avec point.)*	
4.		Запятая. *(Virgule.)*	ся
5.		(1)	не
6.		(2)	точ
7.		Стопица. *(pas.)*	ни
8.		(3)	цы
9.		Крюкъ свѣтлый. *(accent clair.)*	без
10.		(3)	
11.		(4)	дны
12.		Стрѣла громовводная съ облачкомъ. ...... *flèche paratonnerre ombrée.*	в.ла
13.		(9)	ги
14.		(3)	не
15.		(11)	при
16.		Полукулизмы средней.	чает

17.		Голубчикъ скорый. *pigeon rapide.*	
18.		Статья свѣтлая. *(article clair.)*	ны
19.		(3)	и
20.		(17)	от
21.		(9)	кры
22.		(7)	ша
23.		(3)	ся
24.		Стрѣла мрачная. *(flèche sombre.)*	мо
25.		Статья мрачная. *(article sombre.)*	ря
26.		(20)	вол
27.		(9)	ну
28.		(2)	ю
29.		(7)	ща
30.		(7)	ся
31.		(7)	о
32.		(3)	сно
33.		(9)	ва
34.		(3)	ви
35.		Палка. *(bâton.)*	я
36.		Стрѣла громоотводная. *(flèche paratonnerr.)*	бу

№		Name	
37.		Статья закрытая малая. *(petit article fermé.)*	ре
38.		Статья малая. *(petit article.)*	ю
39.		Переводка. *(transition.)*	
40.		(18)	ма
41.		Крюкъ мрачный. *(accent - sombre.)*	ни
42.		(11)	смъ
43.		(39)	бо
44.		(9)	за
45.		(3)	пре
46.		Скамья. *(banc.)*	тилъ
47.		Сложитіе съ запятою. *(assemblage avec virgule.)*	е
48.		(16)	си
49.		(37)	е
50.		(38)	му
51.		(20)	из
52.		Стрѣла простая. *(simple flèche.)*	ряд
53.		(7)	ны
54.		(7)	я
55.		(7)	же
56.		(7)	лю

57.		(3)	ди
58.		(2)	спасъ
59.		(3)	е___
60.		(11)	си
61.		(20)	ло___
62.		(25)	ю___
63.		(3) . . .	
64.		(4)	
65.		Брюкъ простои съ часкою. *(accent simple avec coupe.)* . . .	щi___
66.		(7)	я
67.		(1)	по___
68.		(6)	сѣд___
69.		(9)	ну
70.		(3)	ю
71.		(9)	пѣснь
72.		(7)	те
73.		(35)	бѣ
74.		(36)	Тос___
75.		(37)	по
76.		Крыжъ. *(astérisque.)*	ди

Chant Grec.

ТРЕЧЕ́СКАГѠ РАСПѢ́ВА

Глас а҃.

Бг҃ъ то сподь й я ви сѧ намъ

бла го сло венъ грѧ дый во и мѧ то спо дне

Тропарь.

Ка ме ни за пе ча та

но ѿ і҃ ꙋ дей лй во и на мъ стре гꙋ

щимъ пре чи сто е тѣ ло тво е во

с. 6.

скресль е си три дне вный спа се да рѹ ѧй

мї ро ви жизнь се гw ра ди си лы

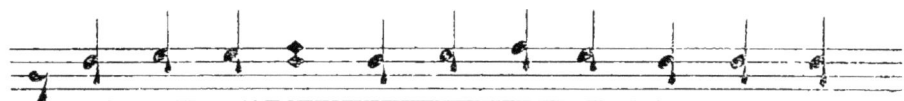

не бе сны ѧ во пї ѧ хѸ ти жи зно

да вче сла ва во скре се нї ю тво

е мѸ хрі сте сла ва цар ствї ю тво е

мѸ сла ва смо тре нї ю тво е мѸ е

ди ке че ло вѣ ко лю бче

Chant Radical.

Знаменаг҃ш распѣва

на оутрепи по шестоѱалміи

Гласъ а҃.

Бг҃ъ то спод҃ь и

а҃ ви ст҃ намъ бла го сло

венъ гря дый во и мя то

спо дне Ал ли лу і а ал

ли лу і а ал ли лу і а

Chant de Kieff.

Кіевскаги роспѣва

Полуёлей:

Хва ли те и мꙗ то спо

две ал ли лꙋ і а хва ли те

ра би ра би то спо да

ал ли лꙋ і а ал ли л

і а ал ли лꙋ і а ал

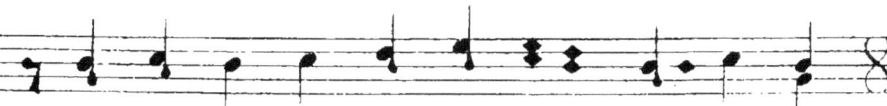

ли лꙋ і а ал ли лꙋ і а

Chant Bulgare

Болгарскаг҃ѡ роспѣва

Гласъ а҃.

Бг҃ъ то спѡдь и҃

ю҃ ви ст҃ намъ вла

го сло венъ гр҃ дый

во и мѧ то спѡ дне

Chant de Marche.

Пꙋтеваго роспѣва

На ржⷭ҇твⷪ҇ бцⷣы

Ве ли ча

емъ тⷬ҇ пре свⷮ҇та

тⷮ҇ Дѣ во и чтемъ

свⷮ҇ ты̏ тво ихъ ро ди те

лей и все сла вное сла вимъ рож де

ство тво е

Греческаш роспѣва

Chant Grec.

Ѿ те вѣ ра дꙋ е

теⷭ Бла го дат на ⷮ всⷮ ка

ⷮ тварь ан гел скїй со борⷮ и

че ло вѣ че скїй родⷤ ио свⷮ

щен ный хра ме и ра

ю сло вес ный дѣв ствен на

С. 6.

Ѿ похва ло из не ꙗ же бгъ

во пло ти ст҃ и мла де

нецъ бысть пре жде вѣкъ сын

бг҃ъ нашъ ло же сна бо тво ѿ пре

столъ со тво ри и чре

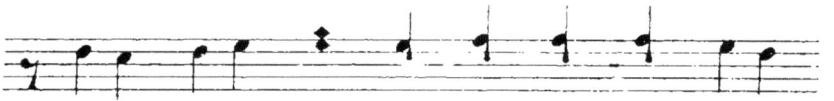

во тво е про стран нѣ е не

бесъ со дѣ ла ѿ те бѣ ра

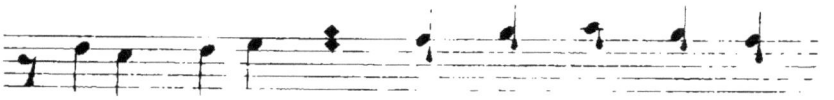

дꙋ е тсѧ бла го дат на ѿ

всѧ ка ѧ тварь сла на те бѣ

Chants en Chœur d'après les harmonies des gammes anciennes.

Болгарскагѡ напѣва

Chant Bulgare.

Ми ро но си цамъ же намъ при гро бѣ предста Ан гелъ во пі ю ше ми

С.В.

ра   мерт   вымъ

с8ть при   лич   на   Христосъ

же   ист   лѣ   ни   ѧ

ѧ   ви   ст   ч8ждь

о кле ве
та ю щiї и
дȣ шȣ
шȣ ма
ю
да пос ты
дѧт
шȣ мо
дѧт
сѧт и из
чез нȣтъ
о кле ве
дȣ
шȣ мо
ю
ю
да пос ты
дѧт
сѧт и из
сѧт и из
чез нȣтъ
о кле ве
та ю щiї и
та ю щi и
дȣ шȣ
дȣ
шȣ мо
да пос ты
дѧт
сѧт и из
чез нȣтъ
чез нȣтъ
о кле ве
та ю щiї и
дȣ
дȣ шȣ
дȣ
шȣ мо
ю
дȣ
шȣ мо
ю о кле ве
и
из
чез нȣтъ
о кле ве
шȣ мо
ю
да
пос
ю
о кле ве
та ю щiї и
дȣ
та ю ще и
дȣ шȣ
д
пос ты

Q. B.

Квартетъ березовскаго.

Quatuor de Beresofsky.

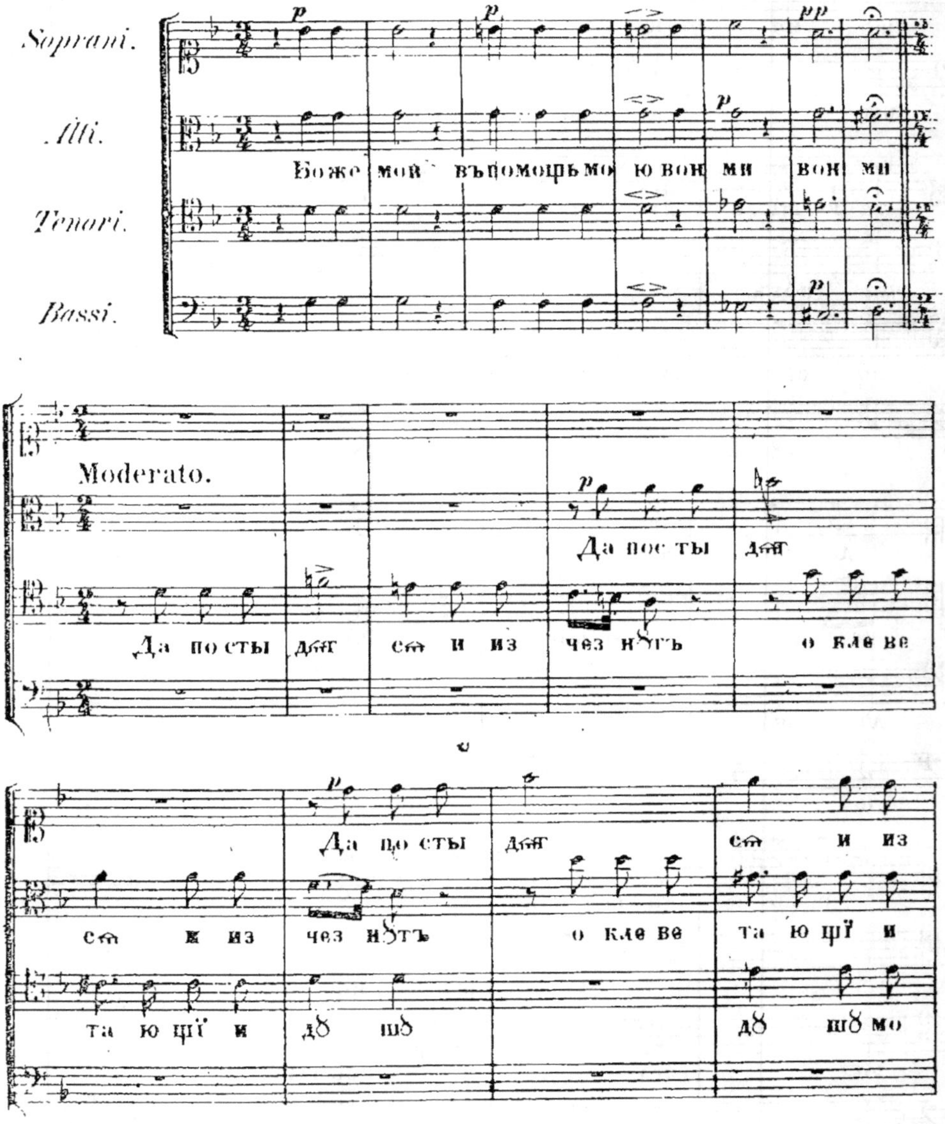

чез нѣтъ о кле ве та ю і и дꙋ шꙋ мо
дꙋ шꙋ дꙋ шꙋ мо ю да
ю да по сты дѧтсѧ и из
Да посты дѧт сѧ и из чез нѣтъ
ю да пос ты дѧт сѧ да
пос ты дѧт сѧ и из
чез нѣтъ о кле ве та
о кле ве та ю щї и дꙋ шꙋ о кле ве
пос ты дѧт сѧ да пос ты
чез нѣтъ и из чез
ю щї и о кле ве та ю щї
та ю щї и дꙋ шꙋ о кле ве та ю щї и
дѧт сѧ и из чез нѣтъ
нѣтъ о кле ве та ю щї и
и о кле ве та ю щї и дꙋ шꙋ ма ю дꙋ
дꙋ шꙋ дꙋ шꙋ мо ю Да посты

Кіевскагѡ напѣва

Chant de Kieff.

№ 2.

Пло ти ю ѹ снувъ ко мертвъ Ца

рю и Гос по ди тридне венъ вос кресл е си А

да ма воз двигъ ѿ тли и ѹ раздвивый

смерть пас ха нетлѣ ви ми ра спа се ни е

С. В.

Знаменнагѡ напѣва

Chant radical.

№ 3.

Иже хе р8 ви мы

тай но

о бра з8

ю ще

о кле ве та ю щії и дꙋ
дꙋ шꙋ мо ю
сти и, из чез нꙋть о кле ве
та ю щії и дꙋ шꙋ мо ю да
шꙋ о кле ве та ю щії и дꙋ шꙋ
да пос ты днт сти да
та ю щії и дꙋ шꙋ мо ю дꙋ
пос ты днт сти да пос ты
о кле ве та ю щії и дꙋ шꙋ мо
пос ты днт сти и
шꙋ мо ю да по
днт сти о кле ве та ю щії и
ю о кле ве та ю щії и
из чез нꙋть
сты днт сти да пос ты днт
дꙋ шꙋ о кле ве та ю щії и дꙋ шꙋ

О. В.

о кле ве та ю щї и о кле ве
и да пос ты дꙗт
о кле ве та ю щї и дс
мо
та
сꙗ о кле ве та ю щї и о кле ве
шꙋ мо ю дꙋ шꙋ мо ю о кле ве
ю щї и да пос ты
та ю щї и дꙋ шꙋ мо ю
та ю щї и
ю
дꙗт
да пос ты дꙗт
да пос ты дꙗт

Q. B.

Сѣ о кле ве та ю щі и д8 ш8 мо
ю да пос ты дѧт сѧ и из чез н8тъ.
о кле ве та ю щї и д8 ш8 мо ю
о кле ве та ю щї и д8 ш8 мо ю
о кле ве та ю щї и д8 ш8 мо ю
о кле ве та ю щї и д8 ш8 мо ю
pp
f
p
pp

Херувимская пѣснь

СОЧ. БОРТНЯНСКАГО.

Hymne chérubique.

Quatuor de Bortniansky.

всꙗ ко е ны нѣ жи тей

всꙗ ко е

всꙗ ко е ны нѣ жи тей

всꙗ ко е ны нѣ житей

ско е от ло жимъ по пе че

нг е

а минь · ко да ца

ⴕ ко да ца рⰪвⰪсⰪⰲъ по ды мемъ да ца

ⴕ ко да ца

рⴕ всⰪхъ по ды мемъ по ды

мемъ ан гельски ми не ви ди мо до

до рино

до рино

до

си ма чинь ми ал ли лѣ
ри но си ма но си
ма чинь ми ал ли лѣ їа ал л
ма чинь ми ал ли лѣ їа ал ли
ри но
си ма чинь ми ал ли л їа

ал ли лѣ їа ал ли лѣ їа
лѣ їа ал ли лѣ їа
лѣ їа ал ли лѣ їа
ал ли лѣ їа ал ли лѣ їа

Н. В.

Квартетъ дехтерева.

Quatuor de Dektereff.

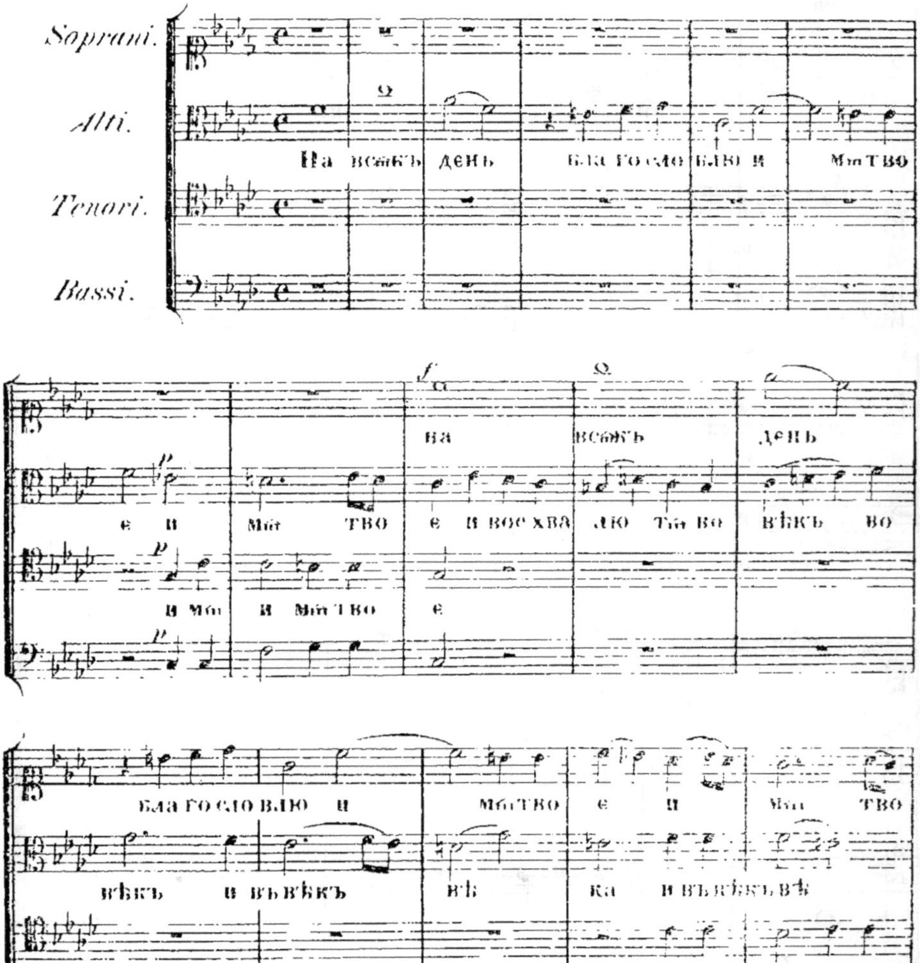

е и вос хва лю т во вѣкъ во вѣкъ и въ вѣкъ
ка и вос хва лю т въ вѣкъ во вѣкъ и въ вѣкъ
е
на всякъ день бла го сло влю и
вѣ ка и въ вѣкъ вѣ ка во вѣкъ
вѣ ка во
на всякъ
м тво е и м тво е и вос хва лю т во
во вѣкъ и въ вѣкъ вѣ ка
вѣкъ и въ вѣкъ вѣ ка
день бла го сло влю и м тво е и вос хва
вѣкъ и въ вѣкъ вѣ ка вос хва
вос хва лю т во вѣкъ и въ вѣкъ и въ вѣкъ вѣ
лю т во вѣкъ и въ вѣкъ вѣ ка и въ вѣкъ вѣ

Q. D.

32

О. В.

вѣ ка въ вѣкъ вѣ ка во
вѣ ка на
и въ вѣкъ вѣ ка въ вѣкъ вѣ ка и вос хва
вѣ к и въ вѣкъ вѣ ка
вѣк и въ вѣкъ вѣ ка
всакъ день благо сло влю
лю та во вѣкъ во вѣкъ и въ вѣкъ
На всакъ день
На всѣкъ
и мл тво е и вос хва лю та во
вѣ ка и въ вѣкъ вѣ ка
бла гос ло влю и мл и мл тво е и вос хва
день бла гос ло влю и мл
вѣкъ во вѣкъ и въ
на всакъ день бла го сло
лю та бла го сло влю та вос хва

Q. D.

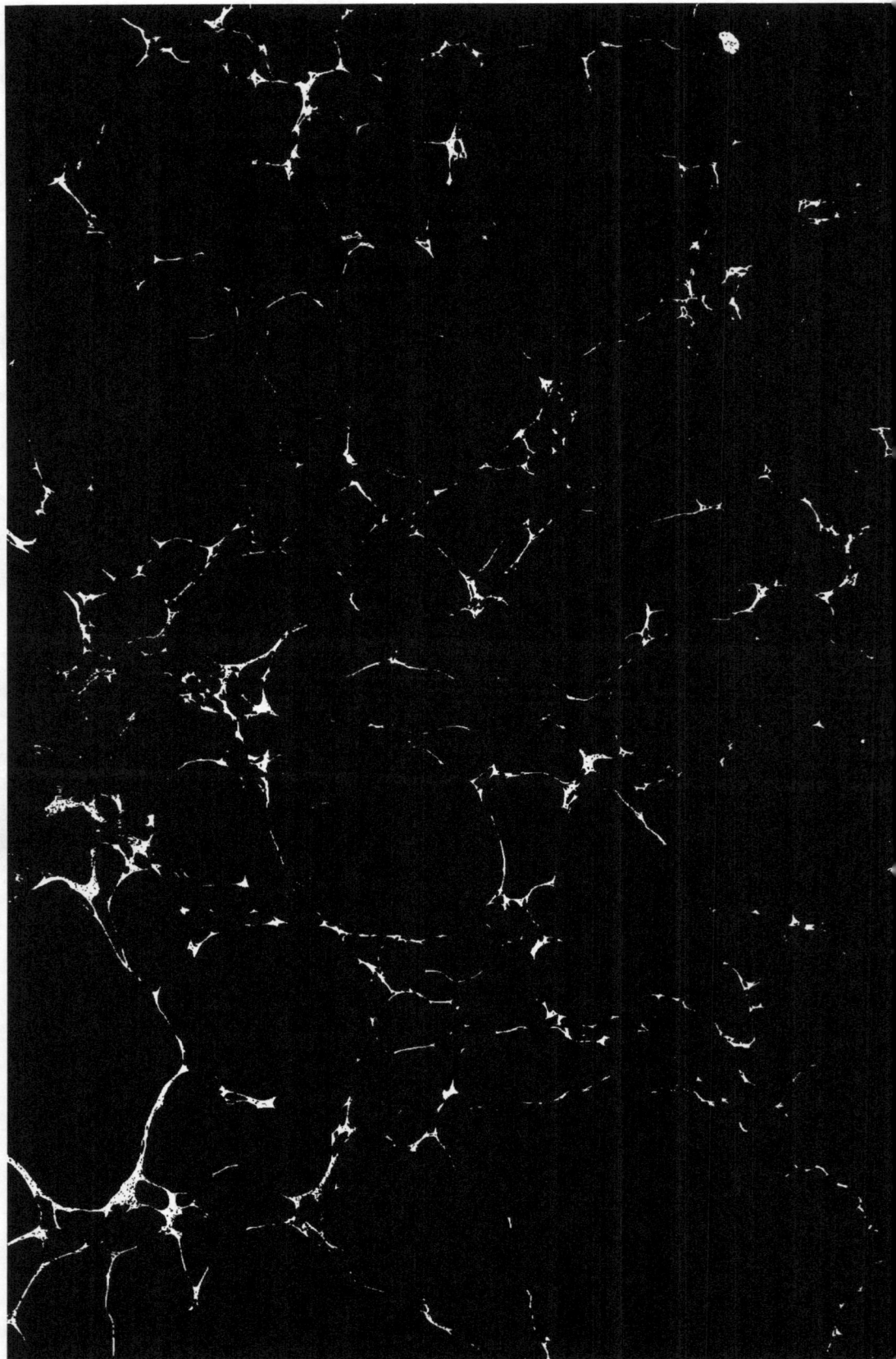

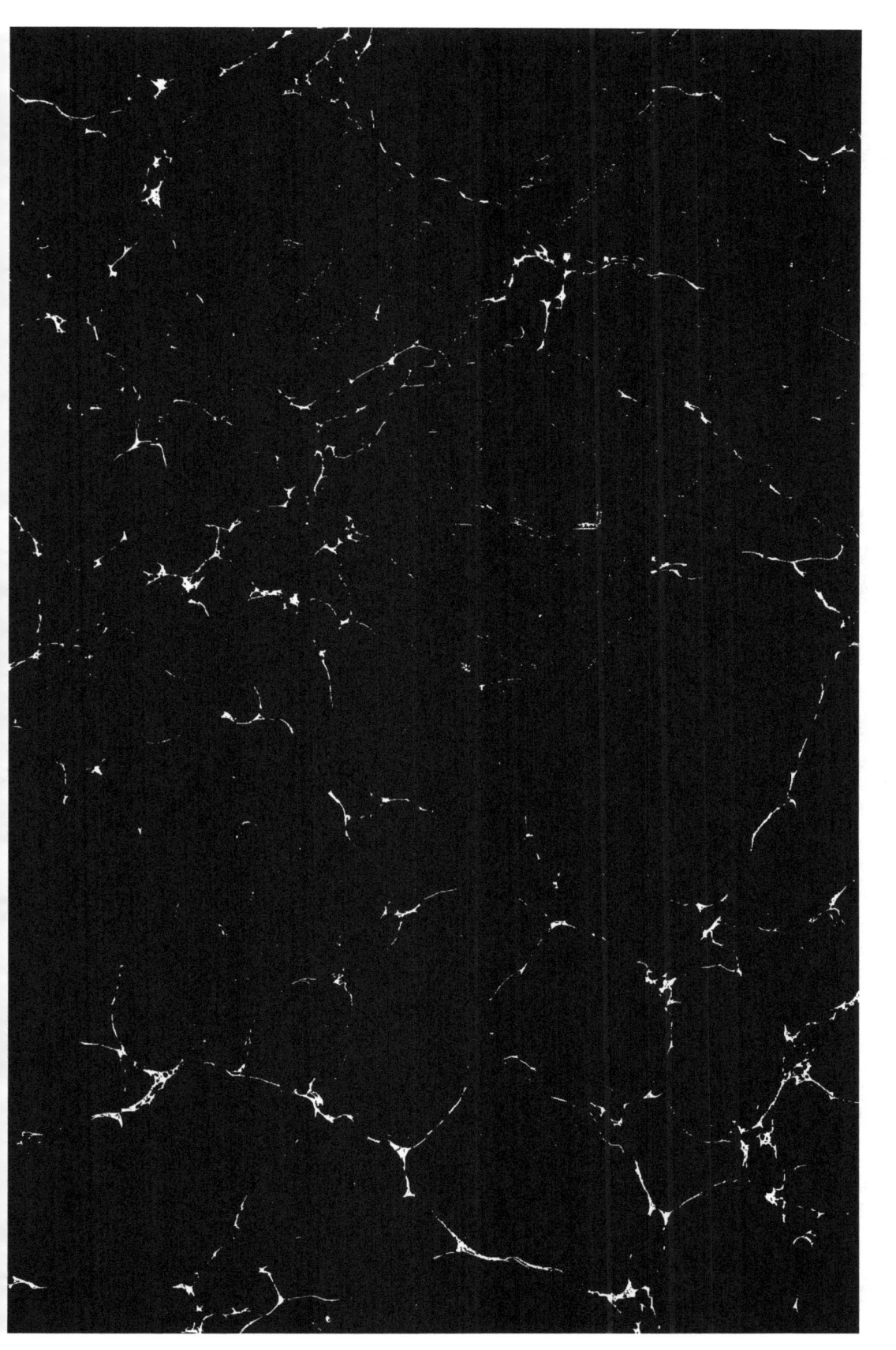

www.ingramcontent.com/pod-product-compliance
Lightning Source LLC
Chambersburg PA
CBHW072033080426
42733CB00010B/1882